Fritz-Stefan Valtner

AF206839

Plötzlich
allein…

… aber das Leben geht weiter

Fritz-Stefan Valtner

Plötzlich allein…

… aber das Leben geht weiter

Bibliografische Information der
Deutschen Nationalbibliothek
Die Deutsche Nationalbibliothek
verzeichnet diese Publikation in der
Deutschen Nationalbibliothek;
detaillierte Daten sind im Internet über
http://dnb.dnb.de abrufbar.

Herstellung
und Verlag: BoD-Books an Demand,
              Norderstedt

ISBN: 9783 746 034 393

Printed in Germany

Vorwort

In diesem neuen Buch

"Plötzlich allein… aber das Leben geht weiter!"

möchte ich Ihnen Mut machen, nach einem großen Verlust wieder neu zu beginnen und das Leben wieder selbst in die Hand zu nehmen.

In meinem ersten Buch mit dem Titel:

"Plötzlich allein… wie soll ich leben ohne dich?"

habe ich versucht mit dem Verlust meiner geliebten Frau zurecht zu kommen. Mit den vielen Fragen, mit den Aufgaben, mit denen ich jetzt allein fertig werden musste.

Wie sollte mein Leben jetzt, wo ich allein war, aussehen?

Gibt es noch einmal eine glückliche Fügung des Schicksals?

Oder führen meine Wege mich irgendwo ganz anders hin, als ich es mir erträumen kann?

Was soll ich tun, was erwartet man von dir?

Fragen über Fragen!

In diesem neuen Buch erzähle ich, wie mein Leben eine neue, andere Form bekam. Wie ich plötzlich neuen Aufgaben gegenüber stand. Wie ich merkte, dass dies noch nicht alles gewesen sein konnte.
Wie ich merkte, dass ich auch noch andere, versteckte Fähigkeiten hatte, die bis dahin total brach lagen.

Ich habe mich auf den Weg gemacht!

Abschied

Lieber Gott, ich bin heute in diese
kleine Kapelle gekommen, um mit dir
zu reden. Du weißt sicher, was mich
bedrückt und mir große Sorgen
macht.

Lieber Gott, es ist nicht einfach,
deinem Willen zu folgen, aber wenn
ich an dich glaube, dann muss ich
auch sagen, dein Wille geschehe.

3

Auch wenn es mir schwer fällt, von einem geliebten Menschen Abschied zu nehmen, so lebt in mir immer noch die Hoffnung auf ein Wunder. Sicher wirst du schon entschieden haben… aber wie gehe ich dann mit der Einsamkeit, dem Verlust um?

Wir hatten das Geschenk, eine sehr lange Zeit miteinander durch deine wunderbare Welt zu gehen. Wir hatten doch noch so viel vor. Wir wollten gemeinsam alt werden.

Aber du hast eine Entscheidung getroffen.

Auch wenn es mir schwer fällt, werde ich deinen Willen respektieren müssen. Sicher hast du deine Gründe dafür. Aber was soll aus mir werden?

Keiner ist mehr da, wenn ich jetzt nach Hause komme. Liebevolle Gewohnheiten, wie die täglichen Telefonate, die gemeinsamen Touren am Wochenende, gemeinsame Unternehmungen, all dies gibt es nicht mehr.

Schon jetzt spüre ich die Unsicherheit, die in meinen Leben einkehrt ist, obwohl der geliebte Mensch noch nicht von mir gegangen ist. Aber das Unbehagen spüre ich heute schon. Wie gehe ich damit um?

Kann ich diesen geliebten Menschen loslassen? Kann ich mich damit abfinden, dass er nicht mehr an meiner Seite ist? Kann ich mich damit abfinden, dass ich jetzt alleine durch die Welt gehen muss? Oder finde ich noch einmal ein kleines Glück? Viele Gedanken gehen mir durch den Kopf. Ich denke an Einsamkeit, an Wehmut, an gemeinsame Zeiten und an die Verlassenheit.
Gibst du mir die Kraft, diese schweren Stunden zu überstehen? Einen geliebten Menschen loszulassen, damit auch er seinen Frieden findet? Das ich die Einsamkeit, das Alleinsein überwinde?

Dass in meiner Erinnerung die schönen gemeinsamen Stunden verbleiben?

Dass nicht Verbitterung aufkommt, die mich hemmen wird, meinen Lebensweg zu Ende zu gehen. Dass ich Ja zum Leben sage, auch wenn es mir schwer fällt. Das ich nicht achtlos an dem kleinen Glück vorbei gehe, nur weil ich auf das neue, große Glück warte oder hoffe.

Lieber Gott, ich werde versuchen, mich dem Schicksal zu stellen, ohne Bitterkeit, ohne Anzuklagen, ohne zu hadern. Ich muss aber gestehen, es fällt mir schwer. Aber wenn du bei mir bist, dann fühle ich mich geborgen und sicher. Bitte sei bei mir und begleite mich durch die schweren Stunden. Hilf mir, dass ich meinen inneren Frieden finde.
Bitte sei bei mir, wenn ich jetzt nach Hause gehe und begleite mich in den Stunden des Abschiedes.

Abschied vom Leben?

Als ich drei Jahren nach dem Tode meiner geliebten Frau, mal wieder auf meiner Bank im Garten vor dem Wintergarten saß und die letzten Jahre Revue passieren ließ, merkte ich, dass etwas von mir auf der Strecke geblieben war.
Für mich war mit dem Tode meiner Frau eine Welt zusammengebrochen. Ich war wie gelähmt, ja, regelrecht in sich zusammen gefallen. Ich hatte einfach keinen Mut mehr etwas zu tun, etwas zu bewegen. Ich war ständig in einem seelischen Tief.

In meinem ersten Buch mit dem Titel: "Plötzlich allein... oder wie soll ich leben ohne dich?", welches ich 2010 schrieb, also drei Jahren nach dem Tode meiner Frau, stand mehr die Frage nach dem „Warum" im Vordergrund aller Betrachtungen. Aber auch die Frage nach dem „Wie" - wie soll es weiter gehen?

Was machst du jetzt?

Welchen Weg wirst du gehen?

Wie wird er aussehen?

Was hat das Schicksal mit dir noch vor?

Viele ängstliche Fragen, die da auf mich einströmten. Jeder Tag der Einsamkeit verstärkte das bange Gefühl, jetzt in eine Drift hinein zu kommen, aus der es kein Zurück mehr gab. Ich war gefangen in den eigenen, negativen Gedanken.
Mühsam habe ich damals versucht, die ersten Schritte wieder alleine zu gehen. Sie waren zeitraubend. Ich hatte das Gefühl, etwas, was früher wie selbstverständlich da war, ist jetzt nicht mehr da und ich fühlte mich nur noch als halber Mensch.

Als ein Mensch zweiter Klasse. Ich zählte nicht mehr dazu.
Ich war allein! Allein - von allen verlassen!

Aber genau dieses Gefühl macht es einem so schwer, wieder zurück zu kommen - wieder zurückzukommen ins Leben.

Ich habe es damals versucht - das Zurückkommen in die Gesellschaft. Es war nicht einfach, sich von Vorurteilen freizumachen.

Sich zu befreien, aus einer Situation, die man nicht selbst verursacht hatte. Einer Lage, die von einer höheren Macht befehligt wurde.

Gleichzeitig wurde man von allen Seiten beobachtet, was man tat, was man unternahm. Zumindesten hatte man immer das Gefühl, unter einer Beobachtung zu stehen. Manchmal kann dies auch jeden Lebensmut nehmen. Man hat dann das Gefühl, dass man nicht mehr aus dem Haus gehen darf, da es nicht der Situation angepasst ist, jetzt etwas zu unternehmen.

Man hat zu trauern!

Aber soweit ließ ich es nicht kommen, sondern blieb mir selber treu.

Dennoch fehlte mir etwas. Das, was ich in den letzten dreißig Jahren immer hatte - jemanden an meiner Seite.

Jemanden, den ich liebte, der mich liebte.

Jemanden, der zu mir stand, der bei mir war.

Jemanden, der mich so nahm, wie ich war.

Jemanden, der mit mir durch dick und dünn ging.

Jemanden, der mich aufrichtete, wenn es mal nicht so lief.

Jemanden, der da war, wenn ich ihn mal brauchte.

Man war nicht allein!

Und jetzt, wo dieser Mensch nicht mehr da war, spürte ich die Einsamkeit, die sich wir eine schwere Ankerkette um den Hals legte und mich immer tiefer hinab zog, in ein Reich des Dunkels, in ein Reich der Stille.

Kein Rufen, kein Bitten gab es hier mehr!

Nur noch Stille!

Eine schreckliche Stille!

Aber wie soll man aus dieser Lage herauskommen? Wenn sich plötzlich alle von einem abwenden, nur weil man jetzt alleine ist.

Aber so war dies ja auch bei mir.

Ich hatte damals meine gut dotierte Stelle aufgegeben, um wieder mehr Zeit für meine Frau zu haben, die ja in einer Pflegeeinrichtung leben musste, da sie rund um die Uhr Pflege brauchte.

So konnte ich wenigstens jeden zweiten Tag bei ihr in der Einrichtung sein und ihr das Gefühl geben, dass sie nicht allein ist.

Allein in dieser Einrichtung, vielleicht schon vergessen von allen? Dieses Gefühl wollte ich ihr nicht geben.

Aber Beruf, Haushalt und Pflegeeinrichtung ließen sich nicht mehr vereinbaren, da ich selbst schon merkte, am Ende meiner Kräfte zu gelangen.

So musste ich eine Entscheidung treffen - und traf sie für meine Frau und gegen den Beruf. Damit hatte ich die Chance, sie auf ihrem schweren Weg zu begleiten. Einen Weg der Hoffnung, aber auch einem Weg der Ungewissheit.

Nach einem dreiviertel Jahr starb die Hoffnung, unerwartet und schnell und damit auch die Pläne für die Zukunft. Man blickte wie durch einen Tunnel. Alles war plötzlich dunkel geworden. Man sah kein Licht.

Man war plötzlich allein.

Allein mit sich, seinen Gedanken und Fragen.

Jetzt stand keiner mehr an deiner Seite, keiner der mal „Hallo" sagte, keiner der mal fragte "wie geht' s dir?"

Keiner, der dir Hilfe anbot.

Keiner, der dich tröstete.

Keiner, der mal bei dir blieb.

Nein, jetzt warst du wirklich allein. Allein und verlassen.

Was sollte dir Trost geben und bringen?

Die täglichen Besuche auf dem Friedhof?

Die vielen Fragen, die man sich stellte?

Nach dem „Warum", „Weshalb" und wieso gerade sie?

Aber, bekam man darauf eine Antwort?

Nein, je mehr man sich damit auseinander setzte, umso unsicherer wurde man. Hörte man andere Meinungen, dann meist nur den Satz:

„Das ist nun halt so!"

„Daran kannst du nichts ändern. Da musst du durch!"

Irgendwann merkte ich, man ist auf sich allein gestellt. Ich musste mich wieder allein aus diesem Tief herausholen.

Schritt für Schritt!

Gedanken:

Lieber Gott,

wieder einmal sitze ich hier auf dem Friedhof auf einer Bank am Grabe eines geliebten Menschen und denke an die gemeinsamen Zeiten zurück, die wir zusammen verleben durften. Nun ist es schon drei Jahre her, wo du meinen Schatz zu dir gerufen hast. Sicher weißt du noch, als ich damals zu dir sprach und dich bat, diesem Menschen, den ich so geliebt hatte, zu helfen. Ich sagte aber auch: "Herr, bei allen Wünschen, die ich an dich habe - dein Wille geschehe!"

Du hast dir bei deiner Entscheidung bestimmt etwas gedacht. Dennoch bin ich über den Verlust sehr traurig. Ich bin nun allein. Viele haben sich von mir abgewandt. Die Tage sind lang und die Einsamkeit ist nun mein Begleiter geworden. Die Nächte sind keine Nächte mehr. Oft stehe ich irgendwann auf, schaue auf ein Bild des geliebten Menschen und eine große Wehmut beschleicht mich.

Ich denke an glückliche Zeiten zurück, wo wir gemeinsam, Hand in Hand, über deine Erde wanderten. Aber diese Zeiten sind nun vorbei.

Jetzt sitze ich hier, schaue auf ein Grab und wieder kommen die Erinnerungen. Erinnerungen an glückliche Zeiten. Heute möchte ich mit dir sprechen. Ich weiß nicht, ob ich das in Worten fassen kann, was mich bewegt. Vielleicht weiß du das viel besser als ich, denn du begleitest mich auf all meinen Wegen. Du gibst mir Halt. Bei dir fühle ich mich geborgen.

Vielleicht weißt du von meinen Sorgen, von meiner Einsamkeit, von meinem Alleinsein, von den schweren Stunden, die mich manchmal beschleichen, in denen sich Traurigkeit und Wehmut breit macht. Wobei ich mich manchmal frage, was ich hier noch auf Erden soll? Immer wieder stelle ich mir die Frage nach dem „Warum".

Wenn ich mich jetzt hier so umschaue, sehe ich deine Schöpfung, die Vögel, die Blumen. Aber ich spüre auch die Stille der Einsamkeit. In diesem Moment spüre ich, dass du bei mir bist.

Ich weiß aber auch, dass alles, was du tust, eine besondere Bestimmung hat. Ich weiß nicht, welchen Weg du für mich bestimmt hast. Deshalb will ich dir wie ein Kind folgen, das einfach darauf vertraut, dass du den richtigen Weg für mich weißt.

Bitte begleite mich auf meinem unbekannten Weg, führe mich nach deinem Willen, denn ich weiß mich bei dir in besten Händen. Lass mich nicht verzagen, wenn sich Hürden vor mir aufbauen. Lass mich mutig voranschreiten, mich auf Neues einzulassen. Denn ich weiß, du stehst hinter mir und du führst mich. Warum sollte ich da verzagen?

Und letztendlich bin ich ja nicht allein - denn du bist bei mir, Tag und Nacht.

Danke, dass du mich auf meinen Wegen begleitest - dies gibt mir wieder Mut, Sicherheit und den Glauben, dass ich nicht allein bin.

So saß ich noch eine Weile still auf der Bank, schaute gedankenverloren auf das Grab.

Von irgendwo her hörte ich eine Stimme im Hintergrund, die mir leise zuflüsterte: "Nun mache dich auf den Weg, denn dieser Weg ist noch lang, den du gehen musst und verzweifele nicht, denn ich bin immer bei dir!"

Unsicher stand ich auf, schaute noch einmal lange zurück und dann ging ich nach Hause, in der Gewissheit, nicht allein zu sein.

Denn eines wusste ich:

"Der Herr ist mein Begleiter."

Schritt für Schritt

Ja, dass mit den Schritten ist leichter gesagt als getan!

Man tut sich schon sehr schwer damit, nach dem Heimgang des geliebten Partner, wieder in eine Normalität zurückzukehren. Nichts ist wie früher - alles ist anders!
Anders als es früher einmal war, wo man freudig allein durch die Welt wanderte.
Aber jetzt habe ich Immer das Gefühl, dass eine Hälfte von seinem eigenen Ich nicht mehr vorhanden ist. Als wenn man nur noch einen Arm oder ein Bein hätte.
Keiner ist mehr da, um Entscheidungen zu treffen. Keiner sagt mehr, das dies gut oder richtig sei. Man hat das Gefühl, unfähig zu sein, ja fast wieder ein Kind zu sein, das noch nicht zu entscheiden braucht, was es jetzt tun soll. Man hat regelrecht Angst, weitreichende Entscheidungen zu treffen.

Man könnte ja damit verkehrt liegen. Dabei ist die Angst meist ein schlechter Ratgeber. Sie hat noch nie zu klaren Entscheidungen geführt.

Daher ist es wichtig, sich wieder neu zu strukturieren, sich neu zu finden.

Ich bin damals hergegangen und habe meinen Alltag neu strukturiert. Wochen und Tage wurde mit festen Aufgaben und Zeiten versehen. An bestimmten Tage, da hatte ich mir feste Aufgaben gegeben. So war zum Beispiel der Montag der Tag, an dem ich meine Post, meine Briefe, meine Abrechnungen usw. machte. Oder der Mittwoch. Hier hatte ich meinen Markteinkauf geplant, den Besuch auf dem Friedhof. Jeder Tag bekam wieder eine Aufgabe, einen Termin zugeordnet. Hilfreich war dann auch die Aufnahme einer ehrenamtlichen Tätigkeit, die mich wenigstens für ein paar Stunden ablenkte.
So kam ich wieder langsam zurück zu einer gewissen Normalität. Nach einem halben Jahr hatte ich wieder einen gut gefüllten Terminplan.

21

Ganz allmählich kam auch das Gefühl zurück, dass man noch am Leben teilnehmen konnte oder auch wollte.

Sicher, man war allein - ungewollt. Aber dieser Lage musste man sich stellen. Manchmal wollte man etwas sagen, so wie früher, schaute nach links oder nach rechts, aber die Seiten blieben leer. Eine Antwort bekam man auch nicht mehr.

Oft, besonders wenn es Abend wurde, kamen viele gemeinsame Erinnerungen wieder auf.
Manchmal schaute ich traurig auf das große Kreuz oben in meinem Büro und sagte: "Herr, dein Wille geschehe und dein Wille war es, meine Frau zu dir zu rufen. Bitte hilf mir jetzt, dass ich nicht in eine starke Verbitterung falle, dass ich nicht verzage, sondern zeige mir deinen Weg, den ich gehen soll. Ich werde dir folgen. Denn wenn ich mit deiner Hilfe unterwegs bin, weiß ich, dass ich gut aufgehoben bin.

Diese kleine Zwiesprache mit dem Herrn hat mir dann wieder Mut gemacht, meinen vorgezeichneten Weg zu gehen und nicht zu hadern. Mein Wahlspruch lautete in diesen Zeiten:

"Der Herr kennt deinen Weg und er wird dich begleiten."

Und so war es auch.

Mit der Zeit habe ich gelernt, mich wieder neuen Dingen zu öffnen. Ich fuhr wieder alleine Rad, ging in Ausstellungen, machte kurze Reisen und lernte so wieder Mut zu fassen und mein Leben wieder selbst in die Hand zu nehmen.

Natürlich gab es Zeiten, in denen man sich elend fühlte, die Trauer einen übermannte, man wieder an alte Zeiten erinnert wurde. Aber auch durch so eine Phase muss man gehen.

Bei allen Aufbruch - Gedanken sollte man die Erinnerung an die alten, gemeinsamen Zeiten, in denen man ja glücklich war, nicht vergessen. Sie müssen im Herzen bewahrt werden. Sie gehören zu unserem Leben einfach dazu. Sie sind Teil unseres Lebens. Deswegen soll man sich immer wieder an diese Zeiten erinnern, sie aber als Erinnerung sehen und nicht als Gegenstand für das heutige Leben.
Denn da stimmen die Voraussetzungen einfach nicht mehr.

So sollte man versuchen, sich langsam Schritt für Schritt freizu- laufen, um neuen Sachen, neuen Aufgaben und vielleicht auch einem neuen Glück gegenüber offen zu sein.

Schau deinem Glück in die Augen!

Neue Aufgaben

Das Schlimme am Alleinsein ist die Tatsache, dass jemand nicht mehr da ist, aber auch, dass man keinen mehr hat, der mit einem spricht. Besonders an den langen Abenden, wo man plötzlich alleine da sitzt, das Fernsehprogramm mehr als mies ist, da wird es einem besonders bewusst! In diesen Momenten kommt dann Wehmut auf, die Gedanken schweifen in die Vergangenheit zurück und man begreift nur schwerlich, dass jetzt alles ganz anders ist.

Was war geblieben von der Liebe, von den lieben Worten, von dem gegenseitigen Verständnis, von den liebevollen Gesten? Nichts! Geblieben ist nur die Erinnerung. Mehr nicht!

Jetzt saß man allein auf der Couch, hing seinen Gedanken hinterher und fragte sich nach dem Warum. Aber man bekommt keine Antworten auf seine Fragen. Alles bleibt im Dunkeln, nebulös und unverständlich.

Was wollte man noch alles gemeinsam erledigen, gemeinsam erleben, gemeinsam alt werden. Und was bleibt nun übrig? Ein Mensch, der sich einsam und verlassen fühlt.

Ein Mensch der seine Hoffnungen und Wünsche begraben muss. Und der nicht weiß, wie es weitergehen soll.
In dieser Phase habe ich auch viel überlegt, viel gegrübelt und über die Zukunft nachgedacht, wie es weitergehen soll.

Oft stellte ich mir die Frage: "Was soll ich jetzt ohne Dich tun?" Ich bleibe jetzt allein zurück, unsere Pläne sind Makulatur geworden und was soll ich jetzt machen? Viele Fragen - aber keine Antworten.
Auf langen Spaziergängen spielte ich viele Möglichkeiten durch. Aber einige Fragen hielten sich immer hartnäckig:

"Was willst du denn jetzt aus deinem Leben noch machen?" Ja, was wollte ich eigentlich?

Was stellte ich mir vor?

Welche Möglichkeiten hatte ich?

Fragen, die mir immer wieder durch den Kopf gingen.

Aber wie sollte ich meinem Leben eine Wendung geben?

Eines war mir aber klar geworden. Ich muss neue Sachen in Angriff nehmen. Neue Aufgaben haben, damit ich abgelenkt werde von meinem trostlosen Alltag.
Aber was sollte ich machen?

Meinen Job hatte ich damals für meine Frau aufgegeben. Sollte ich wieder zurück in den Beruf gehen? Werde ich da wieder gebraucht, trotz meines Alters?

Dank einer klugen "Haushaltspolitik" stand ich gar nicht so schlecht da. Ich konnte sogar einige Jahre, wenn ich sehr sparsam leben würde, auch so über die Runden kommen. Aber was sollte ich dann tun? Eine Aufgabe bräuchte ich schon.

Gut - ich brauchte bestimmt noch eine längere Zeit, um den Verlust zu verarbeiten. Dann sollte es aber weitergehen - mit neuen Aufgaben.

Ich war zwar noch ehrenamtlich im Pfarrgemeinderat in meiner alten Pfarrgemeinde St. Bonifatius in Düsseldorf tätig. Aber dies war ja schon bald ein Auslaufmodell. Also musste ich, wenn ich weiter aktiv sein wollte, mir eine neue Aufgabe suchen.

Ein Jahr später kam dann diese Aufgabe in Form einer Lebensmittelausgabe für die Bedürftigen unserer Pfarrgemeinde. Sofort meldete ich mich, um hier zu helfen.

Bei allem Elend, was man hier sah, konnte man aber auch die Dankbarkeit der Bedürftigen erkennen, denen wir helfen konnten, ihren Alltag besser zu bestehen. Dies war eine sinnvolle Aufgabe, die mich mein "Elend" vergessen ließ. Und es waren Stunden, in denen man seine eigenen Probleme zurück stellte.

So war dieser Tag auch ein Tag, an dem man viel Neues erfahren und erleben konnte. Man wurde auch wieder gefordert, was dem eigenen Allgemeinbefinden der eigenen Person zu Gute kam.

Als ich merkte, dass dies mir gut tat, nahm ich eine weitere Aufgabe an, die mir sehr viel Spaß machte. Ich fing an in unserer Bücherei mitzuarbeiten. Bücher habe ich schon immer geliebt und hier war ich dann in meinem Element.

Die Woche bekam eine gewisse Struktur. Ich hatte meine Termine und meine Aufgaben.
So konnte ich mir langsam wieder eine Ordnung geben und die Stunden der Trübsal reduzieren.

Aber ich wollte mehr. Ich wollte etwas Neues machen, etwas, was ich bisher noch nicht gemacht hatte. Ich spürte, dass sich der Weg, den ich gehen wollte, sich schon vor mir abzeichnete.

Konnte aber zu diesem Zeitpunkt noch nicht so recht damit etwas anfangen, da alles noch zu undeutlich vor mir lag.

Gleichzeitig bemerkte ich aber, dass ich mich jetzt für ganz andere Sachen interessierte, wie zum Beispiel für die Malerei.

Gut, ich hatte schon früher Spaß am Zeichen, aber hier waren es mehr technische Zeichnungen. In meinem speziellen Fall zeichnete ich Wintergärten für meine Kunden.
Jetzt schaute ich mir Bilder gerne in Ausstellungen an, nahm neue Anregungen auf, überlegte, ob dies ein Weg für mich sein konnte?
Könnte schon einer sein. Aber noch war alles sehr wage.

Oder gab es auch einen anderen Weg, den ich beschreiten konnte?

Etwas, was mir Spaß macht.

Woran ich Freude habe?

Aber wie komme ich dahin?

Welche Wege gib es dazu?

Viele Gedanken, viele Fragen - aber immer noch große Unsicherheiten in den Antworten.

Die ersten Begegnungen

Nun, ich hatte meinen ganzen Mut zusammengenommen und versuchte, mein Leben auf eine neue Basis zu stellen. Aber alleine wollte ich das nicht tun.
Ich dachte bei mir, was vor gut dreißig Jahren einmal geklappt hat, warum sollte dies nicht auch heute gelingen. Damals fand man ja auch den Partner für`s Leben und jetzt im Alter, könnte es ja noch einmal klappen.

Aber auch das war mir klar, es würde kein einfacher Weg sein, da ja auch die eigenen Ansprüche an einem selber höher waren, als in jungen Jahren. Damals zählte die Liebe, heute auch andere Werte.

Ich fing an auf erste Anzeigen zu schreiben. Die Resonanz war bescheiden. Ich versuchte meinen Text zu verändern, feilte an der Formulierung.

Aber der Rücklauf blieb schwach.

Mit dem einen oder anderen Kontakt telefonierte man, selektierte und traf sich dann mit der einen oder anderen Dame auf einen Kaffee.

Das war alles!

Mein Gott, was hatte man für Vorstellungen?

Man sollte wie Brad Pitt aussehen, häusliche Attribute besitzen, einen tollen Beruf ausüben, dem Partner etwas bieten können und dann auch noch nebenher viel Zeit auch noch für den Partner haben! Um dies alles erfüllen zu können, müsste der Tag schon mindestens 48 Stunden haben.

Und was hatten die Damen zu bieten? Meist nicht viel. Interessen - gleich null! Sie suchten meist jemanden für das Bett. So blieb es meist bei einer Tasse Kaffee und mit der Versicherung sich in den nächsten Tagen mal zu melden.

Aber sollte man die Hoffnung auf einen neuen, lieben Partner aufgeben? Nein - ich versuchte es weiter.
Mit der Zeit bekam man eine gewisse Routine und konnte sich so besser auf diese kleinen Treffs einstellen.
Oft hatte man das Gefühl dies könnte passen, aber etwas hinderte mich daran, hier etwas mehr Einsatz zu zeigen.

In manchen Gesprächen, man wusste das ich Witwer war, bekam ich oft die Frage gestellt: "Warum warten sie nicht noch ein paar Jahre, um sich dann erst wieder einen Partner zu suchen.
Jetzt ist dies doch alles noch sehr frisch?"

„Nach drei Jahren?"

Ich antwortete auf diese Frage meist mit dem Satz:

"Wenn ich mich nicht heute auf die Suche nach einer neuen Partnerin mache, dann möchte ich zehn Jahren keine mehr an meiner Seite haben.
Ich habe mich dann an einem Leben ohne Partner gewöhnt. Würde ein Singleleben vorziehen und dann höchstens nur noch eine Freundschaft anstreben."

Ich glaube nicht, dass ich in zehn Jahren alles vergessen habe, worum ich heute noch trauere.

Mein ganzes Leben wird von diesen Erinnerungen geprägt sein und bleiben.

Dabei kommt es nicht so sehr darauf an, ob das Ereignis jetzt zehn Jahre zurück liegt oder nur ein halbes Jahr her ist. Es kommt darauf an, was mir mein Schicksal auf den Weg gibt.

Aber man soll auch nicht die Hände in den Schoß legen und warten, ob sich da etwas ergibt, sondern man muss auch schon mal selbst nachhelfen.

So hatten viele Bedenken, dass man noch zu stark in seinen Erinnerungen verhaftet sei.

Dabei hätte mir eine neue Partnerin helfen können, sich dem Jetzt und dem Hier zu öffnen, ohne das Erlebte zu vergessen.

Damit blieben die Bemühungen erst einmal unerfüllt. Aber diese Erfahrungen sollte man machen, denn dadurch lernt man wieder etwas Neues und man bekommt immer mehr Selbstbewusstsein. Dies ist auch von Nöten, wenn man draußen bestehen möchte.

Positive wie auch negative Erfahrungen sind nötig, um sich zu steigern und auch den Mut und die Kraft zu bekommen, sich an Neues heran zu wagen.

Allein auf Tour..

Früher war ich beruflich immer viel und lange unterwegs, manchmal auch über eine Woche von zu Hause weg. Ich freute mich jedes Mal, wenn ich etwas Neues sehen, entdecken und erleben durfte. Die Arbeit war dann halt ein notwendiges Übel.

Dieses Glücksgefühl war, nach dem Tode meiner Frau, plötzlich nicht mehr da. Ja, ich hatte fast eine panische Angst, jetzt alleine irgendwo hinzufahren.
Es war wie verrückt, da war ich über dreißig Jahre beruflich in ganz Deutschland, in den Benelux-Ländern und in Süd-Tirol unterwegs gewesen und jetzt hatte ich Angst alleine zu fahren.
Das war schon komisch? Lange habe ich darüber gegrübelt, nach dem „Warum"?

Ich kam zu keiner schlüssigen Erklärung.

Ganz langsam fing ich an erste, kleine Touren in der Umgebung zu machen. Ich merkte, sie taten mir gut. Mal wieder etwas anderes zu sehen, neue Eindrücke zu gewinnen, aber auch zu zeigen, ja mir zu beweisen, dass ich das noch kann.

Ich musste nur meine Bedenken, meine unbegründete Angst zur Seite schieben und mich auf den Weg machen.

Dann plante ich meine erste, größere Reise allein. Eine Woche wollte ich ausspannen, mal alles zurück lassen, mal etwas für mich tun. Oder auch nur einmal meine Seele baumeln lassen.

Wo konnte ich das am besten? Auf einer Insel! Welche sollte ich nehmen? Ich entschied mich für Baltrum, eine kleine hübsche Insel im Norddeutschen Wattenmeer. Schnell wurde eine Unterkunft gesucht, gefunden und gebucht. Damit gab es dann kein zurück mehr!

Jetzt musste ich fahren!

Die ersten Kilometer auf der Autobahn ließen mein Herz noch recht stark klopfen. Je weiter ich mich von zu Hause entfernte, desto entspannter wurde ich. Gedanken an meine vielen beruflichen Fahrten kamen wieder hoch. Wie hatte ich früher diese Touren genossen. Es war, als würde ich meinem Hobby "Autofahren" wieder nachkommen.

Und jetzt?

Langsam kam dieses Gefühl wieder. Mit jedem Kilometer, den ich fuhr, wurde ich unbeschwerter. Ich freute mich jetzt auf meinen Inselbesuch.

Ein unbeschwerte Woche lag nun vor mir. Das Wetter spielte perfekt mit. Lange Wanderungen am Strand entlang verscheuchten meine negativen Gedanken. Ich freute mich wie ein kleines Kind, spielte mit den Wellen, sammelte Muscheln und Steine.

Der Wind war mein Begleiter, als wollte er all meine traurigen Gedanken forttragen und mir sagen:

"Hey, du bist nicht allein, wir sind jetzt bei dir und höre unser Lied für dich.

Wie ich da so am Strand auf meiner Decke saß, dem Rauschen der Wellen und des Windes lauschte, merkte ich zum ersten Mal, dass ich mich mit neuen Gedanken und Ideen beschäftigte. Die Tage auf dieser Insel taten mir sehr gut.

Am liebsten wäre ich gleich dort geblieben. Leider ging die Zeit viel zu schnell um und ich musste wieder zurück.

Aber ich fuhr mit so vielen positiven Gedanken zurück, die mein Dunkel zu Hause regelrecht aufhellten. Jetzt galt es nur, diese positiven Energien in den Alltag hinein zutragen und in sich aufzunehmen.

Mit neuem Mut ging ich nun an meine alltäglichen Aufgaben heran.

Neues aus der "Werkstatt"

Mit neuen Ideen kam ich aus dem Kurzurlaub zurück.

Zunächst aber holte mich der Alltag wieder ein, mit seinen kleinen und großen Aufgaben. Manches ging mir jetzt leichter von der Hand. Rückstände wurden ruck zuck aufgeholt, und ich hatte dann den Kopf frei für andere, neue Aufgaben, zum Beispiel einen Artikel für unsere Pfarrzeitschrift zu schreiben.

Oder gar ein neues Buch schreiben?

Ich schrieb mir in dieser Zeit manches von der Seele. Die Texte waren mal sehr nachdenklich, dann wiederum voller Satire und Humor. Aber so recht kam ich nicht weiter. Es wurde schon April, die Tage wurden wärmer, man konnte wieder rausgehen und der Natur zuschauen, wie sie erwachte.

Um die Osterzeit hatte meine Frau immer ihren Geburtstag gefeiert.

In diesem Jahr wäre sie 61 Jahre alt geworden. Mitte des Jahres ist schon ihr 10. Todestag.

Während ich damals über alles nachdachte kam mir die Idee ein Buch zu schreiben über die Zeit nach ihrem Tode.

Das Buch bekam den Titel:

"Plötzlich allein... oder ..wie soll ich leben ohne dich?

Darin ließ ich noch einmal die Zeit der letzten drei Jahre nach ihrem Tod Revue passieren mit all ihren Fragen und vergeblichen Antworten. Dabei wurde das Buch, ohne dass es meine Absicht war, für viele ein Begleiter in der Trauer. Vielleicht weil es aufzeigte, dass es vielen so geht, die einen Verlust meistern müssen.

Dabei braucht alles seine Zeit, alles musste verarbeitet werden, man war nun wieder allein auf sich gestellt, aber das Leben muss dennoch weiter gehen.

Das Buch wurde auch gleich im Verlag verlegt und sollte schon zur Frankfurter Buchmesse vorgestellt werden. Eine liebe Bekannte half mir bei der Lektor-Arbeit und sagte auch gleich zu, daraus auf der Messe vorzulesen.

Eine erste Probe-Lesung wurde in einem kleinem Kreis gehalten und kam sehr gut an. Also gingen wir das Abenteuer Messe Frankfurt ein.
Da sie das gleiche Schicksal zu tragen hatte, konnten wir sehr gut mit den Stimmungen des anderen umgehen.
Aber durch neue Aufgaben und viele Gespräche konnten wir uns langsam aus dem tiefen Tal der Tränen befreien und schauten wieder nach vorne.

Innerhalb eines Monates schrieb ich ein weiteres Buch, das sich mit der Generation 55+ befasste. Da ich ja auch zu diesem Kreise gehörte, wurde ich zu einer Geburtstagsfeier eingeladen. Hier kam ein illusterer Kreis zusammen.

Am späten Abend wurde die Stimmung ausgelassener und man begann zu erzählen. Besonders das Liebesleben wurde auf die Schüppe genommen.

Da hatte ich mein Thema! Gierig nahm ich die Geschichten auf und mein Buch bekam den Titel:

„Sex... kann so schön sein ... man muss ihn nur haben!"

Auch dieses Buch wurde noch zur Frankfurter Buchmesse fertig und wurde dort vorgestellt.

Mit zwei so unterschiedlichen Büchern hatte ich genau den Zeitgeist auf den Nerv getroffen.

Auch auf der Leipziger Buchmesse fanden diese Bücher einen guten Anklang beim Publikum.

Damit waren die ersten Schritte gemacht. Weitere Vorlesungen folgten.

Mir machte das Schreiben ungemein viel Spaß und so flossen zahlreiche Texte aus meiner Feder. Mit dem Schreiben entdeckte ich auch meine Kreativität wieder.
Ich fing wieder an zu malen, zu dekorieren und manches in meinem Umfeld zu verändern.

In dieser Zeit spürte ich, dass langsam die Zeit reif wurde für Veränderungen.
Wie die aber aussehen sollten, das lag noch in einem tiefem Dunkel. Doch ein kleines Licht am Ende dieses Tunnels zeigte mir an, dass es bald etwas geben würde, das mein Leben neu gestalten sollte.

Ich wusste noch nicht, was da auf mich zukam, aber ich freute mich schon darauf.

Mit neuem Mut ....

Ja, es war schon ein schönes Gefühl
zu sehen, dass es mir gelungen war,
mit meinen kleinen Geschichten die
Zuhörer zum Lachen zu bringen. Ich
selber merkte aber auch, dass es mir
gut tat, wieder zu lachen. Ich sollte
mich mehr den humorvollen Seiten
des Lebens zuwenden. Trotzdem gab
es immer wieder Momente, in denen
ich schmerzhaft daran erinnert wurde,
dass es auch ganz andere Zeiten und
Situationen gab, die mein Leben ja so
fürchterlich veränderten.

Zum Beispiel, wo ich plötzlich allein
war.

Wo keiner mehr an meiner Seite war.

Was war mir geblieben?

Die Gedanken an einen lieben
Menschen, die Erinnerung an die
vielen gemeinsamen Jahre, der
einsame Weg über den Friedhof zum
Grab des geliebten Menschen.

Was hat sich in dieser Zeit alles verändert? Wer ist von den alten Freunden noch geblieben? Wer begreift, wie es in meinem Innersten aussieht?

Wer kann erahnen, wie schwer es ist, wieder in die Normalität zurückzukehren? Wer weiß, was Trauer und Einsamkeit bewirken können?

Wer es nicht selber erfahren hat, kann hier kaum mitreden und trotzdem will jeder jedem einen Ratschlag erteilen. Ratschläge, die einem aber nicht weiterhelfen, sondern eher noch unsicherer machen.

Nur wer das gleiche Schicksal erlitten hat, kann sich in den anderen hineinversetzen, sich in seine Situation hineindenken.

Denn gerade in der ersten Phase der Trauer will man manchmal keinen sehen, hören, geschweige denn, mit jemandem über seine Gefühle reden.

So habe ich mich auch in dieser Zeit erst einmal zurückgezogen, um mit der Situation, in der ich mich jetzt befand, auseinanderzusetzen und nach einem gangbaren Weg in die Zukunft zu schauen.

Aber gerade in dieser Lage war man wie gelähmt. Ich konnte keinen klaren Gedanken fassen, war unleidlich und hart gegen mich. Auf alles und jeden nahm ich Rücksicht und dadurch behinderte man sich auch selbst und stand sich oft selbst im Weg.

Erst als ich anfing, mir selbst einen geregelten Wochenablauf zu geben, wieder Struktur in mein Leben brachte, merkte ich, dass ich ganz langsam begann, wieder zu hoffen und das zu machen, was in den letzten Jahren auf der Strecke geblieben war. Ich besuchte wieder Ausstellungen, ging auf Messen, schaute mir dieses oder jenes lustiges Theaterstück an. Am Wochenende machte ich oft kleine Kurztrips in die nähere Umgebung.

Das Wichtigste aber war, dass ich
dies auf eigenen Wunsch machte und
nicht auf Anraten von guten Freunden
oder anderen.
Nein, ich wollte dies und ich habe es
auch durchgeführt. Das war das
Entscheidende für mich! Dadurch
wurde mein Selbstwertgefühl gestärkt,
und ich bekam Mut, Neues in Angriff
zu nehmen.

51

Auf meinen vielen Wanderungen, die ich in dieser Zeit machte, wurde mir klar, dass ich mein Leben ändern musste, wenn ich wieder glücklich sein wollte. Aber das "Wie" war noch sehr nebulös.

Wie sollte ich mein Leben ändern?

Ich musste mir klar darüber werden, welche Ziele habe ich eigentlich noch. So stellte ich mir immer wieder folgende Fragen:

Was wollte ich eigentlich?

Was war meine Berufung?

Was stößt mich an, für eine Veränderung?

Wie konnte ich mich überhaupt verändern?

Welche Voraussetzungen hatte ich dafür?

Welche Erwartungen habe ich noch?

Werde ich alleine bleiben - oder?

Werde ich einen totalen Neuanfang wagen?

Werde ich mich geografisch verändern?

Werde ich das erhalten können, was wir uns aufgebaut haben?

Was werde ich für meine eigene Absicherung im Alter noch tun müssen?

Werde ich die Kraft besitzen Veränderungen zuzulassen?

Zahlreiche Fragen, die mich auf meinen vielen kleinen Wanderungen beschäftigten.
Je mehr ich über alles nachdachte, wurde die gewanderte Strecke immer länger und ich kam zu der Überzeugung, dass vielleicht manches vorbestimmt war, aber nicht alles und ich mein Scherflein dazu beitragen sollte.

Ich kam nach den vielen zahlreichen Wanderkilometern, zu der Überzeugung, dass es Zeit wurde, selbst aktiv zu werden, um den Weg in eine neue Zukunft zu beginnen.

Mit jeden Kilometer, den ich durch die Natur Gottes ging, sah ich klarer. Vielleicht wurden auch meine Gebete erhört?

Ich kann es nicht sagen, ob es so war. Aber irgendwie gewann ich plötzlich neue Lebensfreude und ich war bereit, mutig und entschlossen den Weg zu gehen, den ich mir vorstellen konnte.

Es kann auch sein, dass es mein Glück war, dass ich mich nach dem Tode meiner geliebten Frau zurück- gezogen hatte und dadurch frei war, meine Gedanken, Wünsche und Sehnsüchte neu zu definieren. In aller Stille konnte ich überlegen, ohne dass mir einer in die Parade hätte fahren können.

Selbst die eigene Familie ließ mich in Ruhe. Vielleicht war dies der Schlüssel für den Weg in eine neue, andere Zukunft.

Manchmal haderte ich mit mir, auch, weil keiner anrief und einfach mal nachfragte:

"Hallo, wie geht es dir?"

Vermisste man mich nicht?

Wenn ich heute auf diese Zeit zurück-blicke, dann kann ich sagen, es sollte so sein und ich hatte freie Bahn, meine neuen Ziele in Angriff zu nehmen.

Mittlerweile hatte ich mir wieder mein Selbstvertrauen zurück geholt. Mir war bewusst, dass für mich nur noch das Motto galt:

"Selbst ist der Mann!"

Was hatte ich früher nicht alles machen müssen?

Ich hatte einen anstrengenden Job, keine vierzig Stundenwoche, nein, meist das Doppelte.

Dann hielt ich Haus und Hof in Ordnung und kümmerte ich mich auch noch um meine kranke Frau, die in vielen REHA - Maßnahmen und später in einer Pflegeeinrichtung war.

Von Freizeit und Erholung keine Spur. Ich stand damals, bei dem Versuch allen Anforderungen gerecht zu werden, heute würde man sagen, ich stand kurz vor einem knallharten Burn out.

Es fehlte nicht mehr viel und ich wäre selbst zusammengebrochen. Genau in dieser Phase meines Lebens verstarb meine geliebte Frau.

Obwohl dieser Schicksalsschlag sehr hart für mich war, half mir mein Wille über diese schwere Zeit hinweg und ich verschrieb mir eine lange Phase der Ruhe.

Dadurch kam ich wieder zu mir, besann mich auf meine Fähigkeiten und wagte den Schritt in eine unbekannte Zukunft hinein. Zunächst noch etwas zaghaft, dann selbstbewusster und immer mutiger.

Was sollte schiefgehen?

Vertraue deinen eigenen Fähigkeiten und gehe deinen Weg!

Vergiss aber nie die Erinnerung an die Zeiten, die nun zurück liegen, auch wenn dein Blick jetzt nach vorne geht.

Ein Blick zurück..

Als ich mir 2010, also drei Jahre nach dem Tod meiner Frau, die Frage stellte:
"Wie soll ich leben ohne dich?" wusste ich noch nicht, wie es eigentlich weitergehen sollte. Alles lag noch unter einer dicken Nebelwolke.

Wenn ich mal wieder auf meiner Bank im Garten saß und die Zeit an mir vorbeilaufen ließ, musste ich feststellen, dass ich wirklich ganz alleine war. Von dem einst großen Freundeskreis ist nur noch eine Nachbarin übrig geblieben mit der ich noch Kontakt hatte.
Eine Leidensgefährtin wurde eine gute Freundin und wir unternahmen die ein oder andere Tour gemeinsam. Aber sonst?
Die einst große Familie ist nach dem Tod meiner geliebten Schwiegermutter, die wir im gleichen Jahr, in dem auch ihre Tochter verstarb, zu Grabe tragen mussten, regelrecht auseinander gefallen.

Meine Kinder gingen ihre eigenen Wege, was auch gut war.

Wie oft hätte man mal gerne etwas gehört und wenn es nur ein: "Hallo, wie geht`s" gewesen wäre. Aber so war nun einmal der Lauf des Lebens. Ich selber versuchte im Alltag klar zu kommen, alles zu organisieren und freute mich auf die Aufgaben in der Gemeinde, die ich übernommen hatte. Sie brachten etwas Abwechslung ins eigene Leben.

Schlimm blieben oft die Abende, an denen ich allein im Wohnzimmer saß und immer wieder an vergangene Zeiten erinnert wurde.

Es blieb die Frage:

 "Womit hast du das verdient?"

Warum musste an jenem Morgen dem 9. November 2004, durch die Unachtsamkeit einer Autofahrerin, dieser schreckliche Unfall passieren?

War dies vom Schicksal so gewollt?

Und dann die Zeit danach mit all ihren Höhen und Tiefen, den vergeblichen Hoffnungen. Dies hatte sehr viel Kraft gekostet.
Mit dem Tod schien alles aus. Ein Leben voller Hoffnungen, voller Wünsche, voller Freude und Lebenswillen.
Jetzt saß ich nicht mehr gemeinsam mit meiner Frau auf unserer Bank. Nein, jetzt saß ich allein hier und dachte an die gemeinsamen Zeiten zurück. Viel Wehmut kam auf, manch eine Träne wurde geweint.
Als ich in jenen Tagen wieder einmal allein auf meiner Bank saß, dachte ich bei mir, so kann es nicht weiter gehen.

Immer wieder schaue ich auf Zeiten zurück, die ich nicht mehr zurückholen kann. Sie sind jetzt Vergangenheit. Gut, die Erinnerung daran wirst du aber nie vergessen!

Meine Frau wird in meinem Herzen immer einen besonderen Platz haben.

Aber wird es nicht langsam Zeit, auch mal wieder an dich selber zu denken? Nach vorne schauen und dich fragen:

"Was willst du noch tun?"

"Was willst du noch erreichen?"

"Wie sehen deine Wünsche aus?"

"Wirst du noch einmal so lieben können, wie einst?"

Je länger ich darüber nachdachte, umso länger wurde meine Wunschliste. Aber wo sollte ich dann bitteschön beginnen?
Diese Unsicherheit ließ mich zaudern, mich selbst in Frage zu stellen. Immer wieder stellte ich Überlegungen an, über das "Wie" und das "Wann".

Manchmal stellte ich mir aber auch die Frage:

"Was sollen die ganzen Überlegungen über eine Zukunft - bis du nicht schon dafür zu alt?"

Jetzt noch einmal von vorne anzufangen?"

"Wie soll das gehen?"

Und mit wem?

Allein?

Viele Fragen - aber kaum Antworten!

Bin ich zu ungeduldig? Setze ich mich selber unter einem gewaltigen Druck? Will ich, dass sich etwas verändert, damit es weiter geht in meinem Leben? Oder möchte ich lieber dort stehenbleiben, wo ich jetzt bin? In einer Situation, die mir nicht so sehr behagt?
Warum habe ich all diese unmöglichen Gedanken? Gedanken über meine Zukunft, Gedanken über mein jetziges Leben, Gedanken über Veränderungen, Gedanken über Sinn und Unsinn der Meinungen anderer?

Wenn ich damals schon nur im geringsten gewusst hätte, was in den nächsten zwei Jahren auf mich zukommen würde, dann hätte ich mich nur einfach auf meine Gartenbank setzen müssen und abwarten sollen.

So einfach war es natürlich nicht. Es war schon gut, dass ich mich mit den vielen Fragen auseinandergesetzt hatte, denn dadurch konnte ich besser reagieren, wenn auf mich einer dieser Fragen zukam und zu einer Beantwortung drängte.

Auf der einen Seite war ich gespannt auf meinen Weg.

Auf der anderen Seite hatte ich aber auch etwas Angst vor dieser Zukunft, denn was wäre, wenn ich scheitern würde?

Soll ich? Oder soll ich nicht? Was ist wenn? Immer wieder gab es Phasen, wo ich nur das Negative sah.

Mensch, wo war dein Optimismus geblieben, der dich früher immer wieder aus allen brenzligen Situationen herausgeholt hatte. Sollte er diesmal versagen? Damals hatte man jemanden, der hinter einem stand, der Mut machte, der zu einem hielt. Aber heute? Heute bin ich allein auf mich gestellt.

Habe ich das Rückgrat, um aus einer Krise wieder herauszukommen?

Bei allem hin und her, ich wollte etwas Neues machen, ich wollte mir einen neuen Weg suchen, wo ich nach meiner Vorstellung leben konnte. Ich wollte und musste etwas tun, mein Leben ändern, sonst hätten mich die Altlasten mit der Zeit regelrecht aufgefressen.

Der Zeitpunkt war gekommen, Veränderungen vorzunehmen, damit ich unbeschwert in die Zukunft gehen konnte.

Eine Frage stand aber noch offen: "Sollte ich meinen Weg alleine gehen, oder habe ich noch einmal das Glück einen lieben Menschen zu treffen, mit dem ich gemeinsam diesen Weg beschreiten kann?

Dies war noch eines dieser vielen Fragezeichen, die auf dem Weg nach vorne lagen. Konnte ich sie ausräumen? Irgendwie ahnte ich, dass da draußen jemand auf mich wartete, der das gleiche wollte wie ich und ebenfalls sehnsüchtig darauf wartete, dass ihm dieser Jemand über den Weg läuft.

Das Schicksal nahm seinen Lauf!

Zweifel..

Trotz aller Vorahnungen lief die Zeit einem davon und nichts hatte sich bis dahin getan.
Schon kamen erste Zweifel auf. War dies alles nur ein Wunschdenken?
Aus einer Phantasie-Laune heraus? Oder waren das schon Wahnvorstellungen, die man hatte?

Können Wünsche in Erfüllung gehen? Immer wieder kamen Überlegungen auf, ob dieser Wunsch realistisch war oder nur ein Wunschgedanke der alten, verletzten Seele?

Oft saß ich in dieser Zeit bei meinen Wanderungen in einer kleinen Kapelle oder Kirche und sprach mit unserem Herrn über meine verzweifelte Lage. Ebenso sprach ich auch mit der Gottesmutter über meine Lage. Wenn ich dann wieder weiterlief war, um meine Wanderung fortzusetzen, hatte ich das Gefühl, erhört zu werden, als wenn eine Stimme zu mir sagte: "Geh deinen Weg - für das andere sorge ich."

Mit Freude und der Gewissheit, dass da irgendwo einer ist, der mir hilft, machte ich mich geduldig auf den Weg.

Die Zuversicht nahm immer größere Bereiche in Anspruch.

Jeder Tag wurde begrüßt und ich bekam plötzlich einen ganz anderen Blick für die Kleinigkeiten des Alltags, die einem jetzt soviel Freude bereiteten.
Das konnte eine kleine Blume am Wegesrand sein, ein kleiner runder Kiesel, der mich innehalten ließ, um ihn zu betrachten. Ich nahm mir die Zeit, und kam wieder zur Ruhe.

Das Handy blieb einfach aus! Es klingelte ja ohnehin nicht!

Ich genoss diese Zeit und sie half mir, zu mir zu kommen, meine Gedanken, meine Wünsche zu formulieren. So schöpfte ich die Kraft, um Schritt für Schritt nach vorne zu gehen und meine Vorhaben zu realisieren.

Ich wusste, dass mein gewählter Weg nicht einfach sein würde, aber ich hatte Zuversicht, meinen Glauben an mich selbst wieder gefunden. Was sollte mich jetzt noch aufhalten?

Der einzige, der mich aufhalten konnte, war ich selber, wenn ich an mir selbst zweifelte.

Also.... Los mit frischem Mut und Selbstvertrauen.

Eine neue Liebe…?

Mit der Zeit wurde ich immer mutiger, fasste mir neue Ziele und ging beschwingter durch das Leben. Sicherlich gab es auch immer wieder kurze Momente, die mich traurig stimmten, die mich wieder nachdenklich werden ließen.
Aber sie blieben zum Glück nur kurz bei mir, dann hatte mein Optimismus schnell die Oberhand über diese negativen Stimmungen gewonnen.

Mit der Zeit bekam ich sie immer besser im Griff und konnte sie leichter annehmen. Natürlich kamen die Erinnerungen immer wieder hoch, dies kann man nicht ausblenden. Sie sind da, sie waren ein Teil meines bisherigen Lebens und werden auch immer ein Bestandteil meines irdischen Daseins bleiben.

Ich hatte mir zur Aufgabe gemacht, dass ich gerne in den Erinnerungen schwelge, aber nur in den positiven Erlebnissen.

So stehen auch heute noch Bilder von meiner Frau in meiner Wohnung, allerdings sind es ältere Bilder, die mich an einen schönen Tag, an eine schöne Reise denken lassen.

Ein Blick darauf kann mich nicht mehr traurig stimmen, sondern sie erinnern an etwas Schönes. Damit bleibt die Erinnerung positiv und die letzten schrecklichen Bilder vor dem endgültigen Heimgang werden verdrängt.

Damit bekam ich eine ganz neue Lebensqualität, nahm mein jetziges Leben an und überließ mich dem Schicksal.

Eine Frage stand da aber noch im Raum:

"Was hatte das Schicksal mit mir vor?"

Dann schlug das Schicksal zu!

Eines Tages im Sommer 2010 las ich eine ungewöhnliche Kontaktanzeige in meiner Zeitung. Irgendetwas ließ mich ahnen, dass ich hier etwas Besonders vor mir hatte und es ratsam sei, einen ganz persönlichen Brief zu schreiben.

Dies tat ich auch!

Dann kam ein Anruf von einer sehr netten Dame, und wir sprachen eine längere Zeit miteinander. Schon hier hatte ich ein Gefühl der Verbundenheit.

Wir machten ein Treffen im Benrather Schlosspark aus.

Dann passierte etwas, was ich nicht für möglich gehalten hatte.

Als wir uns zum ersten Mal gegenüberstanden, sah ich in ein paar hübsche Augen, die mich sofort verzauberten.

Ich weiß nicht wie lange wir so da-
standen und uns in die Augen
schauten. Aber in diesem Moment
wussten wir beide, hier hat es
eingeschlagen - im wahrsten Sinne
des Wortes.

Unsere Anspannung war groß, die
ersten Worte waren holprig, das Herz
raste und wir mussten erst einmal tief
Luft holen, um einen Satz klar und
verständlich hervorzubringen.

Wir beschlossen, gemeinsam durch
den Park zu gehen und als sich die
Sonne zeigte, beschlossen wir
unseren Weg zum Rhein hinunter
fortzusetzen und schauten den
vorbeifahrenden Schiffen zu.
Bei unseren Gesprächen stellten wir
sehr bald fest, dass wir sehr viele
Gemeinsamkeiten und Vorlieben
hatten. So liebten wir beide das
Wasser, die See, die Kunst, die
Malerei und vieles mehr.

Es gab viel zu erzählen!

So gab es auch ruhige Momente, die wir genossen, denn jeder von uns spürte im Geheimen, dass mit dieser Begegnung etwas ausgelöst worden ist, was wir beide vorher nicht für möglich hielten!

Wir hatten uns getroffen und uns ineinander verliebt!

So nahmen wir uns sehr viel Zeit füreinander, standen eine sehr lange auf einer kleinen Brücke und schauten dem Treiben in einem kleinen Bachlauf zu. Es gab so viel zu entdecken!

In dieser Zeit entdecken wir uns auch.

Ein Puzzle, was sich ganz langsam und sehr behutsam zusammensetzte.

Wir waren plötzlich in einer anderen Welt, so wie in jungen Jahren.
Dabei waren wir zwei Menschen im reifen Alter.

Aber vielleicht war es auch gut, dass wir in uns noch etwas bewahrt hatten, trotz aller Tiefen und Höhen in unserem Leben, nämlich die Unbeschwertheit der Jugend. Sie ließ uns nicht viel nachdenken, sondern einfach die Unbeschwertheit oder kann man schon sagen, wir genossen dass neue Glück?

Dieser Tag war für uns beide der Startschuss in eine neue Zukunft. Sollten wir die jetzt mit Fragen und Überlegungen torpedieren? Oder sollten wir uns einfach nur freuen und glücklich sein, dass das Schicksal uns zusammengebracht hatte?

Wir wählten diese Variante!

Der Abend klang mit einem späten Abendessen aus und der Sehnsucht, uns so schnell wie möglich wieder zu treffen. Die nächsten Tagen und Wochen vergingen wie im Fluge und jeder von uns sehnte sich nach dem anderem.

Wir hatten beide das Gefühl, dass man den anderen schon lange kennen würde, denn oft hatten wir beide den gleichen Gedanken. Dies konnte auch ganz spontan passieren.

So freuten wir uns, wenn wir uns sahen und gingen gemeinsam durch eine wunderbare Zeit der Verliebtheit. Es war schön, wieder jemanden an seiner Seite zu haben, den man liebte und mit dem man gemeinsam etwas unternehmen konnte. Man war nicht mehr allein! Dies war ein tolles Gefühl! Wie lange hatten wir darauf verzichten müssen?

Die Monate flogen nur so dahin. Der Winter nahte und das Licht unserer Liebe wurde immer stärker. Bei unseren kleinen Wanderungen, die wir zu dieser Zeit machten, dachten wir an die ersten, noch sehr vagen Pläne, für eine gemeinsame Zukunft. Was wir wollten, wussten wir schon. Wir wollten zusammensein! Das war uns sehr wichtig. Über das wie, mussten wir nun nachdenken.

Das neue Jahr kam, der Winter ging und das Frühjahr nahte. Wir gingen unseren Verpflichtungen nach, freuten uns über jeden Tag den wir gemeinsam verbringen konnten, über die vielen Telefonate die wir führten, wenn wir uns nicht sahen. Es war schon eine verrückte Zeit. Wir kamen uns manchmal vor, als wären wir noch Teenies. Aber uns störte dies absolut nicht.

Wir hatten uns und das reichte uns. Manch einer schaute neidisch auf uns, wenn wir Händchenhaltend über den Waldweg liefen, uns küssten und uns über die Schönheit eines kleinen Kiesels erfreuen konnten. Wir waren halt verliebt! Dafür gibt es keine Altersgrenzen!

Unser Leben bekam eine neue Qualität, eine andere Qualität, als wir bisher hatten und auch kannte. Alles war etwas anders geworden und wir nahmen dieses als großes Geschenk an.

Das Leben hatte uns wieder! Zum Glück....

Die Entscheidung

Trotz mancher Belastung liefen wir beschwingt durch diese Welt.
Wir hatten ja uns und nur dies allein zählte. Unsere Liebe wuchs mit jedem Tag und es fiel uns schwer, die Zeiten, wo man nicht zusammen waren, zu überbrücken. Die Sehnsucht war stark.

Was sollten wir machen?

In dieser Zeit bereitete ich mich auf meinen Einsatz auf der Leipziger Buchmesse vor. Im Oktober des letzten Jahres hatte ich auf der Frankfurter Buchmesse meine beiden neuen Bücher vorgestellt, und jetzt galt es diese auch auf der Leipziger Buchmesse vorzustellen.
Gemeinsam fuhren wir hin, um diese Aufgabe zu erledigen.

Wir hatten zwei Tage mehr eingeplant, sodass wir die Möglichkeit hatten, die nähere Umgebung von Leipzig kennenzulernen.

Wir machten einige Ausflüge, bevor wir uns in den Messetrubel stürzten.

Am Stand meines Verlages machten wir Vorlesungen, verteilten Info-Karten und führten das ein oder andere Gespräch mit einem Leser meiner Bücher.

Dann geschah etwas Außergewöhnliches. Ich stand mit meinem Schatz in einer Pause, ein anderer Autor las gerade aus seinem Buch, vor dem Messestand, wir schauten dem Treiben zu und plötzlich, ohne groß nachzudenken, sagte ich zu meinem Schatz den folgenschweren Satz:

"Weiß du mein Schatz, ich glaube auf der nächsten Messe tragen wir beide den gleichen Namen!" Darauf kam die Antwort:

"Ja, mein Schatz, dass glaube ich auch!"

Damit war eine Entscheidung gefallen, die den Prozess der Zusammenfindung sehr schnell beschleunigte.

Kaum waren wir von der Messe zurück, wurden die ersten Maßnahmen eingeleitet. Alles wurde für den Umzug vorbereitet.

Ihre kleine Wohnung wurde aufgelöst, sie zog bei mir ein, ebenso ihre beiden Katzen. Sie fühlten sich alle auf Anhieb hier wohl, was ein gutes Zeichen war.

Unsere gemeinsame Fahrt nahm an Tempo auf.

Manch einer rieb sich verwundert die Augen.

Aber wir wussten, was wir wollten, und setzten es auch dementsprechend um.

Dann gab es aber auch noch ein paar stille Momente, wo wir darüber nachdachten, ob dies alles so richtig ist.

Dieses Innehalten kam meist dann auf, wenn ich am Grab meiner Frau stand und die Zeit nach ihrem Tode noch einmal Revue passieren ließ. Oft setzte ich mich auf die kleine Bank, die in der Nähe ihres Grabes unter einem Baum stand und schaute in die Ferne, um Zeit und Raum für meine Gedanken zu haben. Ich erinnerte mich zurück an die gemeinsamen glücklichen Zeiten, an den Unfall, der damals unser Leben so schrecklich durcheinander brachte, oder an die Diagnose Tumor, die für uns eine Welt zusammenbrechen ließ.

Dann die lange Zeit des Leidens, immer ein schmaler Weg zwischen Hoffnung und Bangen.

Dann die Erlösung, als die Kraft zu Ende ging und damit auch ein Kapitel meines Lebens.

Man war wieder allein auf Erden. Man hatte etwas verloren, was man geliebt hatte.

Die ersten Jahre waren schwer. Zu groß und schmerzlich war der Verlust.

Man war nicht mehr ein ganzer Mensch. Die eine Hälfte fehlte, die einem über 30 Jahre begleitet hatte. Sie war plötzlich nicht mehr da!

Worte wie Einsamkeit, Alleinsein und Trauer begleiteten den Alltag. Ein Alltag der trüb und grau war. Einen Alltag, den man in Einsamkeit verbrachte. Es war ja keiner mehr da, mit dem reden konnte, für den man etwas tun konnte, für den man da sein konnte. Es war still um einem geworden. Die Abende konnten so schrecklich lang sein. Immer wieder schaute man zurück, haderte mit dem Schicksal und fragte nach dem Warum.

Aber man bekam keine Antworten auf all seine Fragen. Es blieb still. Wehmut schlich sich ins Herz hinein und der Wunsch, die alten Zeiten würden wieder kommen, blieb leider nur ein Wunsch. Ein trauriger Wunsch.

Man zog sich zurück in seiner Trauer um den geliebten Menschen, wurde unsicher in seinen Entscheidungen, Hoffnungslosigkeit machte sich breit, man fühlte sich verlassen, einsam und allein.

Die Gefühlswelt litt unter diesem Chaos.

Aber wie sollte man da je heraus kommen? Können mir Gespräche helfen? Oder muss ich allein mit dieser Lage fertig werden?

Was kann ich tun, um wieder in die Normalität zurück zu kehren?

Es gibt kein Rezept dagegen. Jeder geht damit anders um. Das ist auch gut so, denn man muss selber seinen neuen Weg finden, den man gehen will oder muss.

Bei dem einem geht es relativ schnell, der andere braucht Jahre dafür und bei dem Dritten, dauert es sogar ein ganzes Leben.
Jeder leidet anders, jeder geht mit dem Verlust auch anders um.
Ich habe mich oft hinterfragt, was will ich eigentlich noch vom Leben? Möchte ich mich total zurück ziehen oder den Mut aufbringen, noch einmal von vorne zu beginnen.

In meinem Alter, wo man die Rente schon im Blickwinkel hat?

Bei diesen Gedanken lief mir meist ein kalter Schauer über den Rücken. Immer wieder stellte ich mir die Frage: "Kannst du dir vorstellen, noch einmal etwas total Neues zu machen?" "Warum nicht," sagte ich zu mir.
Manchmal hatte ich das Gefühl, als wenn von oben mir einer leise zurief, warum nicht?

Dein Leben geht weiter und wenn sich eine Chance bietet, dann nutze sie. Du wirst nicht allein sein!

Vielleicht sollte ich die Chance nutzen, die ich durch die neue Bekanntschaft gereicht bekam.

Warum also nicht?

Dann machten wir Nägel mit Köpfen. Im Wonnemonat Mai ließen wir uns standesamtlich trauen, um auch so unserer Liebe ein Zeichen zu geben.

Damit war der Weg endgültig frei für neue Aufgaben!

Im Oktober des Jahres 2011 gaben wir uns das Ja-Wort vor dem Herrn. Anschließend ging es auf unsere kleine Insel Baltrum, die wir beide so lieben.

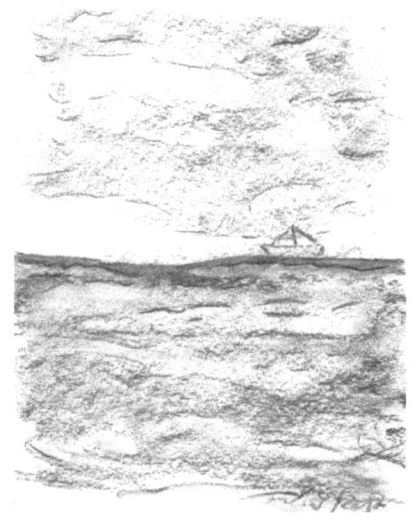

Hier reifte in uns ein gemeinsamer
Wunsch!

Wir beschlossen hier in den Norden
zu ziehen und gemeinsam neu
anzufangen!

In den nächsten Wochen und Monaten machten wir uns auf die Suche nach einem geeigneten Domizil in Norddeutschland.

Nach zahlreichen Besichtigungen fanden wir dann in Friesland unser neues Heim.

Im Frühjahr des darauffolgenden Jahres war es dann soweit, und wir konnten unser Haus übernehmen, es renovieren und zwei Monate später konnten wir einziehen.

Der Weg in ein neues Abenteuer

Es war ein schöner Tag des Abschiedes von der alten Heimat. Wir gingen noch einmal durch den Ort, aßen noch einmal dort zu Abend, genossen die Abendsonne und dann gingen wir zu unserem Auto, das noch einmal voll gepackt worden war, mit den letzten Sachen, die wir mitnehmen wollten. Wir schauten uns lange in die Augen, küssten uns noch einmal und sagten, wie aus der Pistole geschossen:

"Auf in den Norden, wo jetzt unsere Zukunft liegt."

Drei Stunden später waren wir da, in unserem neuen Heim, unserer neuen Heimat.

Wenn ich heute auf meiner Bank am Gartenteich sitze, dem Treiben auf der Wasseroberfläche zuschaue und die letzten Monate Revue passieren lasse, dann sage ich mir heute:

"Ja, du (wir) hast (haben) alles richtig gemacht!"

Du hast auf dein Gefühl gehört, den Verstand dann eingeschaltet, wenn er für das Praktische gebraucht wurde und du hast jemanden an deiner Seite, der dich liebt. Aber das wichtigste ist, dass du auch wieder gelernt hast, jemanden zu lieben.

Was hatte ich damals, ohne es zu dieser Zeit zu wissen, in meinem ersten Buch "Plötzlich allein..." im Schlusswort geschrieben?

"Jetzt gilt es, den Weg in eine neue Zukunft zu gehen. Und vielleicht hat der ein oder andere das Glück, noch einmal ein solches Geschenk zu erhalten und kann später sagen:

Danke, dass ich das erleben durfte!"

Heute kann ich sagen, dass ich die schweren Zeiten nach dem tragischen Unfall meiner ersten Frau, weder verdrängt noch vergessen habe, sie bleiben weiter in meiner Erinnerung.

Aber ich gehe heute anders damit um.

Ich sehe sie heute auch als Prüfung des Schicksals an, um mir die Möglichkeit zu geben, einen neuen Weg für mich zu suchen, da der alte mich vielleicht in eine Sackgasse geführt hätte, mich vielleicht sogar in eine gefährliche Lebenskrise geschickt hätte. Wer weiß, vielleicht war es sogar ein Hinweis von oben, der mir gesagt hatte:

"So kannst du dein Leben nicht weiterführen."

Tatsächlich war es so, dass ich mit meinen Kräften am Ende war, das ich kurz vor einem Zusammenbruch stand. Nur die Sorge um meine Frau, hielt mich noch aufrecht.

Aber wie lange noch?

Im Nachhinein war die Entscheidung, meinen Job aufzugeben, doch richtig!

So konnte ich meine Frau bis zum Schluss begleiten, was auch richtig und wichtig für mich war!
Nach ihrem Tode, meinem Leben eine komplette Wendung zu verpassen, war ebenfalls richtig.

Nur so bin ich aus diesem tiefen Tal wieder herausgekommen und bin Schritt für Schritt wieder in ein anderes Leben gekommen.
Dann hatte ich das Glück, mein Glück zu finden und mit diesem Glück einen neuen, gemeinsamen Start zu beginnen.
Dafür musste ich aber auch einiges zurücklassen, wobei das Zurücklassen nicht Vergessenheit bedeuten soll. Denn die Erinnerung bleibt immer. Sie war ja ein Teil meines Lebens, und dies kann man nicht so einfach ausradieren.

Wenn ich heute zurück schaue, dann nicht in Wehmut, sondern mit Freude an die Zeiten, in denen ich das Leben lebenswert fand. Wo man fröhlich, unbeschwert durch das Leben ging. Aber auch wo man das Positive mitnimmt und das Negative nur als eine Randerscheinung wahrnimmt.

Aus den Erfahrungen, die man macht, kann man lernen. Dieses Wissen ist Gold wert.

Auch wenn das Schicksal manchmal grausam ist, man muss sich damit abfinden und den Blick immer wieder nach vorne richten, denn das Leben geht weiter!

Was das Leben für den ein oder anderen noch bereit halten kann, dass muss jeder selbst für sich erfahren.

Ich glaube, dass ich meinen Weg gefunden habe, einen Weg der mir ganz neue Einsichten gebracht hat und mir gezeigt hat, dass man wieder lernen muss, die kleinen Dinge im Leben zu schätzen, um zufriedener zu werden.

Manchmal liegt das kleine Glück so nahe, bloß man nimmt es nicht wahr, da der Blick nur in die Weite geht, wo scheinbar das ganz große Glück nur so auf einen wartet.

Manchmal wartet man dann auch vergeblich darauf.

Heute gehe ich bewusster durch das Leben, nehme mir Zeit für die kleinen Dinge des Lebens, lasse mich manchmal einfach treiben von meinen Ideen, setze mich hin, und male wenn es mir danach ist.

Oder ich schreibe einfach einen kleinen Text, eine kleine, lustige Geschichte oder wenn es ganz schlimm wird, einen Roman.

Mit meiner Frau mache ich wieder viele Sachen gemeinsam. Wir nehmen uns Zeit für einander und genießen auch mal die ruhigen Momente in unserem Leben.

So leben wir unsere kreativen Phasen aus und freuen uns, wenn sich andere darüber freuen. Auch wenn wir noch viel zu tun haben, rund ums Haus, wir haben keinen Stress mehr, setzen uns nicht unter einem Terminzwang, sondern haben auch mal Zeit für einen Plausch über den Gartenzaun mit dem Nachbarn. Vieles was uns früher angetrieben hat, ist jetzt nicht mehr da und dennoch haben wir das Gefühl, wir schaffen mehr als früher - und das in aller Ruhe.

Eine Erkenntnis, die man erst einmal gewinnen muss.

In der Überschrift zu diesem Kapitel steht: Der Weg in ein neues Abenteuer

Ich denke, der Begriff Abenteuer ist zu groß gewählt. Wir haben hier unser kleines Glück gefunden, sind zufrieden mit dem was wir haben und erfreuen uns, an die kleinen Dingen, die uns das Leben bietet.

Das kann das Leben in der Natur sein, das Rauschen der Wellen am Strand, der Wind mit seinem Gesang, aber auch nur der gemeinsame Kaffee draußen auf der Terrasse.

Vielleicht ist es aber auch das Bewusstsein, aufgrund der leidvollen Erfahrungen, die wir gemacht hatten, dass man heute gelassener durch das Leben geht, mit dem Wissen, dass manches plötzlich enden kann.

Vielleicht liegt es auch daran, dass wir wieder freudvoller nach vorne schauen, weil man weiß, wie haben uns!

Wie schwer waren die Zeiten, wo man allein war.

Vergessen von allen.

Wo die Einsamkeit Hof hielt.

Wo die Angst einem unsicher machte.

Wo Mitleid fehl am Platze war.

Wo man sich nur als halber Mensch fühlte.

Wo man vor den Scherben seiner Hoffnungen stand.

Wo man angstvoll in die Zukunft schaute.

Wo man verzweifelt war, wie das Leben weiter laufen soll.

Wo die Sehnsucht einem das Leben schwer machte.

Wo Unverständnis die Runde machte.

All dies konnte ich nun endlich hinter mir lassen und wieder mit neuem Mut dem Leben entgegen gehen.

Es war eine schwierige Phase meines Lebens gewesen und ich bin froh, dass ich sie alleine gemeistert habe.

Ich habe zwar viele Schritte gebraucht, um mich aus dieser traurigen Umklammerung heraus zu holen, aber mit jedem Schritt, den ich getan habe, wurde ich wieder selbstsicherer und konnte den nächsten Schritt angehen. Als ich wieder im Leben stand, konnte ich mich dann auf die Suche nach meiner Bestimmung und meinem Glück machen.

Beides habe ich gefunden!

So schaue ich heute recht zuversichtlich in eine neue Zukunft hinein und freue auf jeden Tag, den ich erleben darf und auf die vielen Dinge, die ich noch machen möchte.

Nicht allein - sondern gemeinsam mit meiner geliebten Frau Manuela.

Heute genieße ich die Zweisamkeit!

Jetzt denkt jemand an mich!

Jetzt schaue ich mit Zuversicht in die Zukunft!

Rückblicke

Jedes Jahr zu dem Todestag meiner ersten Frau Maria saß ich auf der kleinen Bank unter dem Baum nahe ihres Grabes und habe ein paar Zeilen, Gedanken, Gefühle und Ängste niedergeschrieben, die mir zu dieser Zeit durch den Kopf gingen.

Es waren sicherlich auch kleine Momentaufnahmen die mich beschäftigten, auf Fragen nach dem Leben.

Zum 1. Todestag von Maria

Ja, mein lieber Schatz, jetzt sitze ich hier alleine in unserem Haus und mir fällt die Decke auf den Kopf. Ein Jahr ist es schon her, als du mich verlassen musstest. Für mich ist dies, als wäre es gestern erst geschehen. So frisch ist die Erinnerung. In diesem ersten Jahr hat sich auch schon manches ereignet. Gerade habe ich die letzten Rechnungen für deine zahlreichen Behandlungen bezahlt.

Nach dem Tod deiner Mutter habe ich das Gefühl, dass sich alle von mir zurückgezogen haben. Von deiner Schwester oder von den Nichten habe ich nichts mehr gehört. Alle deine Freundinnen haben sich auch nicht mehr gemeldet. Selbst von den Kindern höre ich wenig, nur von unserer Tochter höre ich mal etwas, aber auch nur dann, wenn ich sie mal wieder fahren soll. Letztens stand noch eine Fahrt nach Dortmund an. Sonst auch hier fast Funkstille.

Keiner fragt mal nach:

"Hey, wie geht es dir?"

So langsam merke ich:

"Ich bin allein!"

Bei wem finde ich Trost? Bei keinem! Ich bin wirklich allein. Allein und verlassen! Immer wieder überlege ich, was ich tun soll? Wieder in den Beruf zurück, den ich für dich aufgegeben habe? Oder soll ich etwas ganz anderes machen? Viele Gedanken kreisen durch meinen Kopf. Aber alles fällt mir so schwer. Ich merke, dass ich mit dir die Hälfte von mir verloren habe.

Endgültig - für immer!

Im Moment versuche ich, mein Leben neu zu ordnen, was mir aber sehr schwer fällt. Das einzige was eine feste Größe ist, sind die regelmäßigen Besuche an deinem Grab.

Seitdem die Umrandung und der Grabstein stehen, sieht es recht schön aus. Übrigens, das Kreuz habe ich aus Schönstatt mitgebracht. Hier war ich oft in letzten Jahren, um mir dort wieder Kraft zu holen. Ich glaube, ich werde mal in den nächsten Tagen wieder dort hinfahren.

Ich wünsche dir, dass der Herr dich zu seinem Tisch ruft und dich aufnimmt in sein ewiges Reich. Vielleicht kannst du mich etwas von oben begleiten.

Zum 2. Todestag von Maria

Heute versuche ich etwas vergeblich, die rechten Worte zu finden. Irgendwie bin ich einfach nur traurig. Nun ist es schon zwei Jahre her, seit du mich verlassen musstest.

Viel ist in diesem Jahr nicht passiert. Ich habe zwei neue Ehrenämter angenommen. Auf der einen Seite habe ich gemeinsam mit Herrn Hofmeister und anderen eine Lebensmittelausgabe ins Leben gerufen. Eine notwendige Aufgabe, da die Bedürftigen in unserer Gemeinde immer mehr werden. Sie findet einmal im Monat statt, immer am letzten Donnerstag eines Monats.
Ferner helfe ich in der Bücherei. Dies macht mir sehr viel Spaß. Du weißt ja, ich habe immer gerne gelesen. Und jetzt bin ich an der Quelle. Hier bin ich immer mittwochs und freitags im Einsatz. Auch unsere ehemalige Nachbarin Marianne ist noch dabei. Viele aus dem Chor sind ebenso mit von der Partie.

Ich arbeite hier in einem sehr netten Team.

So habe ich bestimmte Aufgaben, über die Woche verteilt, die mir helfen, wieder etwas mehr herauszukommen.
Die einzige die mir treu geblieben ist, ist unsere gemeinsame Freundin Gabi.
Aber auch sie steht vor großen Veränderungen. In den nächsten Tagen kommen wir gemeinsam zu dir ans Grab.

Ansonsten ist es bei mir sehr ruhig. Manchmal bin ich mit dem Rad unterwegs - aber so alleine macht das nicht wirklichen Spaß. Wenn das Wetter hoffentlich bald mal wieder besser wird, dann komme ich mit dem Rad zu dir.

Kannst du dich noch an die Geschichten erinnern, die ich dir damals in deine erste REHA - Maßnahme geschickt habe, wo du mir gesagt hast: "Schreibe weiter..."

Jedes mal wenn ich vor Langweile nicht weiß, was ich tun soll, dann setze ich mich an den PC und versuche eine Geschichte zu schreiben, was mir aber manchmal schwer fällt. Einige kleine Geschichten habe ich jetzt in sogenannten Anthologien veröffentlicht.

Ob sie jemals gelesen werden?

Manchmal habe ich das Gefühl, dass ich nachts manche Geschichte träume und in dieser Woche war es so, dass ich morgens um drei Uhr aufgestanden bin und eine Geschichte geschrieben habe, die ich kurz vorher geträumt hatte.

Verrückt? Ich weiß es nicht. Ich wundere mich über mich selbst.
Sollte dies vielleicht eine Berufung sein? Soll ich schreiben? Ich weiß es selber nicht? Dabei muss ich mir die Frage stellen:

"Wie soll es weitergehen in meinem Leben?

Werde ich allein bleiben? Oder?"

Ich weiß es nicht?

Irgendwie habe ich das Gefühl, dass etwas meinen Lebensweg kreuzen wird und ich wirklich schreiben werde. Soll dies mein Weg, meine Bestimmung sein? Fragen über Fragen. Aber keine Lösung!

Vielleicht muss ich auch einfach nur die Zeit abwarten, bis sich Möglichkeiten ergeben.

Aber es ist nicht einfach, alles wieder alleine zu entscheiden. Das war früher einfacher, als du noch da warst.

Mein lieber Schatz, sei dir immer sicher, dass du in meiner Erinnerung weiterleben wirst, denn dich habe ich immer geliebt.

Zum 3. Todestag von Maria

Mein geliebter Schatz, wie in den letzten beiden Jahren saß ich auf meiner Bank an deinem Grab, aber es regnete sehr stark und ich musste zum Auto zurück. Nun sitze ich wieder an meinem PC und versuche ein paar Worte an dich zu richten.

Es fällt mir schwer, den Verlust, den dein Tod mit sich brachte, in Worte zu fassen.

Ich schaue jetzt auf deinen dritten Todestag zurück. Manchmal denke ich, wie schnell die Zeit vergeht und dann kommt es mir vor, dass es erst gestern war, wo du von uns gingst.
Mein Leben läuft so runter wie ein kleiner Bach in seinem Bett. Still und ruhig, ohne große Aufregungen, was auch gut ist. Abwechslung bringen die Einsätze bei der Lebensmittelausgabe, in der Bücherei und die Aufgaben im Pfarrgemeinderat, der jetzt aufgelöst worden ist.

Dafür sind jetzt neue Ausschüsse gegründet worden. In diesem Jahr werde ich wieder für das Pfarrfest verantwortlich sein. Allerdings wird es schwierig werden, da der PGR nicht mehr hinter einem stehen wird.
Aber so wie du mich kennst, werde ich das Kind schon schaukeln.

Ende 2009 habe ich mein erstes Buch herausgebracht.

Und weißt du worüber?

Über den Strohwitwer Fritz. Es ist ein schönes Buch geworden. Es läuft auch schon ganz gut an. Im März war ich zum ersten Mal auf einer Buchmesse. Diesmal fand sie in Leipzig statt.

Dort habe ich mein Buch vorgestellt. Jetzt bin ich mal gespannt, was daraus wird.

Zu deinem dritten Todestag werde ich ein ganz anderes Buch heraus-bringen.

Es trägt den Titel:

Plötzlich allein... oder wie soll ich leben ohne dich?

Es ist ein Buch, was die letzten drei Jahren aufzeigt, mit all ihren Fragen, all ihrer Trauer, all seinen Ängsten.

Vielleicht kann dieses Buch auch den anderen helfen, die mit einem Verlust fertig werden müssen.

Nur mit dem Lesen tue ich mich noch sehr schwer.
Da sind auch einige Texte drin, die einem die Tränen in die Augen treiben können. Es sind sehr schöne Texte, die die besonderen Stimmungen einfangen.

Ich werde mit jedem Wort immer wieder an dich erinnert.

Mal sehen, ob diese Bücher in drei oder vier Jahren noch laufen werden.
Aus unseren Familien hat sich keiner für diese Bücher interessiert. Schade!

Dabei zeigen sie doch nur die Wahrheit auf. Vielleicht ist diese für manche zu viel.
Vielleicht sind wir beide für sie schon zu weit weg. Wer weiß das schon?

Ich werde meinen jetzt eingeschlagenen Weg weitergehen. Wo führt er mich hin? Ich folge meinem Schicksal, denn es wird schon wissen, welche Aufgaben ich noch bewältigen muss.

Dieses Buch habe ich dir gewidmet, damit du nicht in Vergessenheit gerätst.
Vielleicht wird es ja für viele ein kleiner Helfer in der Not. Sollte es so sein, dann hat es sein Ziel erreicht.

Mögest du deinen himmlischen Frieden finden.

Zum 4. Todestag von Maria

Mein geliebter Schatz

Heute sitze hier mal wieder auf der Bank neben deiner Ruhestätte auf dem Friedhof. Es ist nun schon dein 4. Todestag. Wie die Zeit vergeht. Es ist ruhig und ich kann etwas in die Ferne schweifen und denke an unsere gemeinsame Zeiten zurück. Manche Erinnerung wird wach daran. Aber leider wollte es das Schicksal, dass dies alles im Jahre 2007 endete.

Wenn ich jetzt über diese vier vergangenen Jahre nachdenke, zurückdenke und sehe was in diesen vier Jahren alles passiert ist, seitdem du nicht mehr an meiner Seite bist, dann fällt mir als erstes ein, was ich vermisse, dein herzhaftes, ansteckendes Lachen.
Dann deine liebevolle Art, deine Fürsorge. All das ist nicht mehr da.
In diesen vier Jahren hat sich vieles verändert.

Von den alten Freunden ist nur noch die Gabi als treue Seele übriggeblieben.

Alle anderen haben sich abgewandt, ebenso wie die Familie, besonders nach dem Tod unserer Mutter, die ja so etwas wie ein Motor der Familie war. So ist eine große Distanz und Leere entstanden.

Wenn ich so zurückschaue, waren die Tage, die Wochen, die Monate, die Jahre nach deinem viel zu frühen Tod nicht einfach.

Plötzlich war ich allein... und wie soll ich leben ohne dich. Dies war auch der Titel meines zweiten Buches, das ich vor einem Jahr geschrieben habe.

Im meinem ersten Buch "Aus dem Leben und Wirken des Strohwitwers Fritz" habe ich die Geschichten aufleben lassen, die ich dir damals in die REHA - Maßnahmen geschickt hatte. So konnte ich mir manches von der Seele schreiben, denn die letzten Jahren waren nicht immer leicht. Es hat lange gedauert bis ich wieder den Mut hatte, etwas Neues zu starten.

111

Diese Zeit war nicht einfach. Oft war es auch zum Heulen, besonders an den Tagen, an denen ich erinnert wurde - dass man allein ist. Das keiner mehr auf einem wartet, wenn ich nach Hause komme.

Es ist keiner da, wenn man nachts einmal aufwachte. Man war allein.

Aber dann meinte es das Schicksal noch einmal gut mit mir und schickte mir einen lieben Engel. Einen Engel, der eine starke Seelenverwandtschaft mit mir aufwies. Wir ließen unsere Wege verschmelzen und nun gehen wir gemeinsam unsere Wege - als Paar.

Auch wenn unsere Liebe sehr stark ist, wenn wir uns verzehren nach Gemeinsamkeit, so bleibst du in der Erinnerung immer meine große Liebe, die leider viel zu tragisch enden musste.

Auch wenn mich jetzt ein lieber Engel begleitet, glaube ich, dass du die Letzte wärst, die mir dieses späte Glück nicht gönnen würde. So wirst du immer in meinen Gedanken und Erinnerungen bleiben.

Möge der Herr dich an seinen Tisch
laden und vielleicht bist du der Engel,
der uns begleitet und beschützt.

In liebevollen Gedenken verbleibt dein
Schatz

Zum 5. Todestag von Maria

Heute ist dein 5. Todestag. Was hat sich in diesem einen Jahr alles verändert. Vor einem Jahr saß ich auch, wie heute, auf der Bank unter dem Baum neben deinem Grab und dachte mal wieder an die alten Zeiten zurück.

Damals sagte ich dir, dass ich einen Engel gefunden habe und wir unsere Wege verschmelzen wollen. Heute bin ich mit meinem Engel hier und wir beide richten gemeinsam dein Grab her.

Trotzdem gibt es große Veränderungen in meinem Leben. Im Oktober des letzten Jahres haben wir in Elsfleth, dies liegt im Norden nahe Oldenburg, kirchlich geheiratet. Katholisch ging leider nicht - also haben wir dann uns evangelisch trauen lassen. Es war eine sehr schöne Hochzeit.

Auch die Kinder waren dabei.

Danach machten wir unserer Hochzeitsreise nach Baltrum, unsere Lieblingsinsel.

Dabei wuchs der Gedanke immer stärker, vielleicht auch in den Norden zu ziehen. Denn hier fühlen wir uns wohl. Wir beide lieben die See, den Sand, die Wellen. Dann ging es auf einmal sehr schnell – wir fanden unser Kleinod und Anfang des Jahres haben wir dann das Haus gekauft.

Im April haben wir mit der Renovierung begonnen und Ende Mai sind wir dann endgültig umgezogen. Unser Haus habe ich verkauft und konnte auch alle Belastungen, die ich in letzten 5 Jahren alleine tragen musste, ablösen.

Jetzt kann ich sagen, dass ich schuldenfrei bin. Auch wenn, nach Abzug aller Kosten, eine Null steht, bin ich zufrieden, dass ich alle Belastungen tilgen konnte.

Jetzt leben wir dort, wo andere Urlaub machen, und freuen uns über jeden Tag, den wir hier verleben dürfen.

Auch wenn ich nicht mehr zweimal in der Woche zu dir kommen kann, bin ich in Gedanken bei dir.

Immer wenn ich auf dein Bild schaue, welches auf   meinem Schreibtisch steht, dann denke ich an die alten Zeiten zurück. Aber ich muss auch wieder nach vorne schauen, da das Leben mir neue Aufgaben stellen wird und ich diese bewältigen muss.

So werde ich weiter schreiben, zwei Bücher sind schon wieder fertig.
Dann möchte ich gerne weiter malen und vielleicht auch mit Ton etwas modellieren. Mal sehen, was sich verwirklichen lässt.
Ja, mein lieber Schatz, jetzt kann ich dich nicht mehr so oft besuchen, was nicht ganz einfach für mich ist, aber mein neuer Lebensraum ist nun einmal der Norden geworden oder genauer gesagt - Friesland.
Daher haben wir, weil die ersten drei Buchstaben im Kennzeichen mit FRI, für Friesland stehen, den Namen FRI - TZ für unsere Autos gewählt.

Aber dennoch werde ich versuchen, so oft wie möglich runter zu kommen, um dich zu besuchen.

Vielleicht kannst du mich, oder uns, auf diesen Fahrten als Engel begleiten.
Möge der Herr, dich an seinen Tisch rufen.

Zum 6. Todestag von Maria

Heute sitze ich hier in meinem neuen Zuhause und muss an dich denken. Sechs Jahre sind es jetzt schon her, wo du von Gott heim gerufen wurderst. Vieles hat sich seit dieser Zeit verändert.

Wir leben jetzt hier in Friesland und sind nun bald auch schon zwei Jahre verheiratet. Wie die Jahre dahinfliegen. Von deiner Seite der Familie höre ich nichts mehr. Nachdem ich keine Antworten mehr auf meine Geburtstagskarten oder auf die Karten zu Weihnachten bekommen habe, bin ich auch nicht mehr bereit, weiterzuschreiben.

Unsere Tochter meldet sich ab und zu mal bei uns. Den kleinen Noah haben wir schon lange nicht mehr gesehen. Vielleicht klappt es ja mal in diesem Sommer, dass die beiden den Weg zu uns finden werden.

Auch von unserem Sohn habe ich schon lange nichts mehr gehört.

Die Anrufe in den letzten sechs Jahren deines Sohnes kannst du an einer Hand abzählen.

Dabei habe ich oft versucht, zu ihm immer mal wieder Kontakt aufzunehmen.
Selbst auf eine Mail wurde nicht mehr geantwortet.
Das tollste ist uns aber zu Weihnachten passiert. Wir hatten für die beiden Enkel ein kleines Weihnachtspaket zusammengestellt.
Was soll ich dir sagen? Es ist ungeöffnet wieder zurück gekommen, mit dem Vermerk:

Annahme verweigert!

Was soll ich davon halten? Wir haben jetzt erst einmal jeglichen Kontakt eingestellt.

Meine Schwester war auch noch nicht bei uns. Vielleicht schafft sie es ja in diesem Jahr uns zu besuchen. Sven ist schwer erkrankt, er hat Krebs. Vielleicht kann er ihn besiegen. Wir wünschen ihm es!

Wir haben angefangen zu töpfern, was uns sehr viel Spaß macht. Die ersten Sachen konnten wir auch schon verkaufen. Ich schreibe weiterhin Bücher. 2012 hatte ich ja keine Bücher herausgebracht.

Da waren wir ja im Umzugsstress. Das hatte ich dir ja erzählt. Dafür habe ich jetzt zur Leipziger Buchmesse ein neues Buch herausgebracht.
Es ist ein Katzenbuch mit dem Titel: "Mein Name ist Jacey, die Hauskatze."
Hier habe ich aus der Sicht unserer weißen Diva lustige Geschichten geschrieben, zu denen Manuela sehr schöne Zeichnungen gemacht hat. Dieses Buch ist auf der Buchmesse sehr gut angekommen.
Vielleicht kann ich in diesem Jahr zwei weitere Bücher herausbringen, sie liegen schon beim Verlag. Vielleicht denke ich mal daran, sie selbst zu verlegen. Mal sehen?

So hat sich mein Leben in den letzten zwei Jahren doch sehr verändert.

Ich hoffe, du hast Verständnis dafür, dass ich ihm, einen neuen Anstrich verpasst habe und noch einmal geheiratet habe. Ich habe etwas gefunden, dass mir Halt gibt, mir wieder neuen Mut macht, mich liebt, und ich liebe sie auch sehr.

Trotzdem wird die Erinnerung an dich immer bleiben, denn die Hälfte meines Leben habe ich ja mit dir verbracht. Dennoch musste ich den Blick wieder nach vorne richten und mich den neuen Aufgaben stellen, die mir das Leben stellt.

So kann ich nur noch sagen, bis auf bald mein Schatz an deinem Grab.

Zum 7. Todestag von Maria

Bald kommt Zeit und ich werde zu deinem Todestag wieder einmal auf der Bank an deinem Grab sitzen. Wieder schaue ich auf ein Jahr zurück. Eigentlich kann ich sehr zufrieden sein.
Mein Leben mit Manuela ist mir sehr wertvoll geworden. Ich liebe sie von ganzem Herzen, so wie ich dich bis zum letzten Atemzug geliebt habe. Wir fühlen uns hier im Norden sehr wohl. Ich glaube, es war die richtige Entscheidung hier noch einmal von vorne anzufangen.

Doch gibt es einige Wermutstropfen. Von unseren Kindern kommt leider gar nichts mehr. Man erfährt nichts, weil sie keine Zeit mehr haben, sich mal zu melden. Scheinbar leben sie jetzt ihr eigenes Leben.
Selbst meine Schwester tut sich schwer Kontakt mit uns zu halten. Trotz neuem PC dauern die Rückmeldungen auf Mails immer länger.

Begründung: Sie hat keine Lust, sich noch am Abend mit dem PC zu beschäftigen. So warten wir mittlerweile bis zu drei Wochen auf eine Antwort.

Den Weg zu uns hat sie bis heute nicht gefunden.

Zum Glück habe ich ihr nicht deine Grabpflege aufgetragen. Wenn du die beiden Gräber meiner Eltern sehen würdest, dann müsstest du dich schämen. Dort wächst mehr Unkraut drauf, als du dir das vorstellen kannst. Da werden zwei Blümchen mehr recht als schlecht eingepflanzt und das muss dann reichen. Viermal sind wir daher von hier oben runter gekommen, um die Gräber wieder herzurichten.

Bei diesen Besuchen haben wir alle zu einem Abendessen eingeladen - aber keiner hatte Zeit!

Eigentlich sehr traurig!

Da waren fünfzehn Kilometer schon zu weit.

Ja, damit muss man sich halt abfinden!

Unser Katzenbuch, was wir im letzten Jahr zur Leipziger Messe herausgebracht hatten, läuft sehr gut.

Aber auch dein Buch
„Plötzlich allein... kann hier gut mithalten. Erstaunlich ist nur eins, dass dieses Buch besonders in der E - Book - Ausführung läuft. Ein neues Buch wurde bisher noch nicht verlegt.

Ich denke zum Herbst werde ich noch eins herausbringen. Rund sechs Bücher habe ich fertig auf Halde liegen. Mal sehen, welche ich verlegen kann.

Unsere ETW haben wir wieder neu vermieten können.
Auch der Wasserschaden im Frühjahr ist behoben. Damit haben wir eine Sorge weniger.

Dafür hat es vor wenigen Tagen in der Wohnung gebrannt.

Unsere neue Mieterin hatte einen Topf mit Rouladen auf dem Herd vergessen und ging zur Arbeit. Zum Glück haben die Rauchmelder angeschlagen, die wir schon montiert hatten und so blieb der Schaden gering, bis auf die Wohnungstür.

Die muss nun ersetzt werden.

Ferner bin ich froh, dass meine Augenoperation gut verlaufen ist.
Ich musste ja an beiden Augen am grauen Star operiert werden. Meine Sehleistung war schon sehr schwach geworden. Gleichzeitig wird mein Bluthochdruck neu eingestellt, den ich ja seit 2006 zu hoch habe. Schon damals habe ich ja noch von Frau Dr. Weiß entsprechende Tabletten bekommen, die ich bis heute noch einnehme.

Auch die 2010 erlittenen Erfrierungen an den Füßen scheinen sich wieder zu normalisieren. Trotzdem bereitet mir das Gehen enorme Probleme. Ansonsten bin ich zufrieden.

Ja, mein Schatz, manchmal denke ich, dass alles im Leben eine Bestimmung war. Alles so kommen sollte.

Konnten wir das ahnen? Wir hatten doch noch so viele Wünsche, die wir uns erfüllen wollten.

Dabei hatten wir es ja beinahe schon geschafft. Die Kinder waren groß und konnten auf eigenen Beinen stehen. Beruflich lief auch alles gut. Sodass wir daran denken konnten, frühzeitig aus dem Berufsleben auszuscheiden, um unser Dasein als Rentner zu genießen. Aber leider kam alles ganz anders.

So löschte eine Unachtsamkeit im Verkehr ein Leben aus.

Etwas Neues gibt es doch noch. Manuela und ich haben eine Minikreuzfahrt nach Oslo gemacht. Eine sehr schöne Stadt. Hier zu leben, könnten wir uns auch vorstellen. Es war eine sehr schöne Reise.

Nun geht wieder ein Tag zu Ende, mit Erinnerungen an eine schöne Zeit.

Möge der Herrn dich an seinen Tisch berufen.

8. Todestag von Maria

Wieder einmal jährt sich dein Todestag. Nun schon zum achten Mal. Und wie immer sitze ich hier auf der Bank an deinem Grab und denke an die vergangenen Zeiten zurück.

Viel hat sich seit deinem Tod getan. Ich wohne mit meiner Frau Manuela nun schon über drei Jahren in Friesland. Hier fühlen wir uns wohl. Von unserer oder gar von deiner Familie hat bisher keiner den Weg zu uns gefunden, was eigentlich sehr schade ist.

Aber was willst du machen? Selbst wenn wir unten im Rheinland waren und sie zu einem Essen eingeladen haben, hatte keiner Zeit für uns. Dies müssen wir so hinnehmen. Ich glaube, dass bisher kaum einer von unserer Familie mal wieder an deinem Grab war. Dies macht mich sehr traurig. Dabei hast du allen so viel gegeben.

Das Grab deiner Eltern wurde in die Obhut einer Friedhofs-Gärtnerei gelegt.
Eigentlich unverständlich. Aber dies sollte das Problem deiner Schwester sein.

Vermutlich werden wir aber auch diesen Weg gehen müssen.
Denn die Pflege meiner Schwester zu überlassen, würde heißen: "Den Bock zum Gärtner machen."

Sven liegt ja jetzt neben dir. Ich bin mal gespannt, wie das Grab aussehen wird, wenn meine Schwester die Pflege macht. Sagen kannst du ihr ja nichts! Aber das kennst du ja.

Von meinen beziehungsweise unseren drei Enkeln sehe und höre ich nichts. Noah wird bald schon acht Jahre alt, aber er wird von uns fern gehalten. Eigentlich könnte er ja schon telefonieren. Aber auf einen Anruf warten wir vergeblich.

Auch wenn es nur ein Dankeschön ist, wenn wir ihm etwas zu seinem Geburtstag oder zu Weihnachten geschickt hatten. So ist halt das Leben.

Die Pflege der Gräber meiner Eltern haben wir jetzt einer Friedhofs-Gärtnerei übergeben. Es ist schon schwierig die Pflege von hier oben auszumachen. Im letzten Jahr mussten wir mehrmals Mal ins Rheinland kommen, weil meine Schwester keine Lust hatte, die Gräber zu pflegen, wobei wir jedes Mal alles wieder hergerichtet haben.

Aber selbst im Sommer hatte sie sich noch nicht einmal die Mühe gemacht, den Blumen Wasser zu geben.

Ihr Argument:

„Es war ja so heiß, da fahr ich doch nicht zum Friedhof. Mehr brauche ich dir dazu nicht mehr zu sagen."

Dennoch gibt es etwas Neues zu berichten. Unser zweites gemeinsames Katzenbuch ist heraus gekommen.

Diesmal haben wir aber einen neuen Verlag genommen. Einen Verlag, der hier vor Ort sitzt und Ausschau nach neuen ortsansässigen Autoren hält.

Das Buch ist sehr schön geworden. Jetzt muss es nur den Weg in den Verkauf finden.
Im Mai waren wir mit unserer Katzenmama in spe in Oslo. Hier haben wir zwei Tage verbracht und zahlreiche Museen besucht. Oslo ist schon einen interessante Stadt. Auch die Überfahrt mit dem kombinierten Fähr- und Kreuzfahrtschiff ist schon ein kleines Ereignis. Viele neue Eindrücke konnten wir gewinnen.

Jetzt im Juni waren wir für 14 Tage auf Baltrum, unserer kleinen Insel im Wattenmeer. Hier fühlen wir uns sehr wohl.

Für mich war es gut, denn so konnte ich noch ein paar Ecken aufnehmen, die ich für mein neues Buch brauche. Es wird ein Krimi werden.

Ja, meine liebe Maria, nun wird es Zeit, dass wir uns auf den Heimweg machen. Gut drei bis dreieinhalb Stunden Fahrt warten jetzt noch auf uns. Wollen wir hoffen, dass wir gut und sicher durchkommen.

So sage ich mal tschüss bis zu unserem nächsten Besuch.

Zum 9. Todestag von Maria

Wieder einmal ist die Zeit gekommen, wo ich an deinem Grab auf der Bank sitze und nachdenke, wie es gewesen wäre, wenn du noch bei mir wärst. Vieles hat sich den Jahren getan. Manches ist geblieben und vieles ist auch anders geworden.

Die Menschen haben sich verändert. Von den vielen Freunden höre ich nichts mehr. Die letzte war Gabi. Aber auch von ihr hört man nichts mehr. Alle Zeichen bleiben ohne Antwort. Also nimmt man es hin. Oder liegt es nur daran, dass wir jetzt im hohen Norden wohnen? Dabei haben wir heute so tolle Möglichkeiten der Kommunikation. Aber sie werden nicht genutzt.

Ich kann mich nur wiederholen, dass ich von unseren Kindern kaum etwas höre. Von Andrè und seiner Frau fast gar nichts mehr. Die beiden Enkel sind mir bzw. uns mittlerweile völlig fremd.

133

Keine Nachricht, keine Informationen, keine Besuche - einfach nichts! Wir müssen dies hinnehmen, es einfach akzeptieren.

Von Vanessa und Noah hören wir ab und zu mal etwas. Meist finde ich einige Informationen von Noah im Internet. Er macht mit Leidenschaft Teakwondo. Letztens hat er den gelb/grünen Gurt gemacht. Wir haben ihm dazu per E-Mail gratulieren wollen, aber die Mail wurde mit Verwunderung und Unverständnis von Vanessa in den Papierkorb geworfen. So erfahren wir nur etwas über den Enkel durch das Internet. Auch von seinen ersten Kämpfen und seiner ersten Bronze-Medaille im Pokalwettbewerb!

Wir wohnen jetzt bald vier Jahre hier im Norden der Republik, aber keiner hat es bis heute geschafft, uns einmal zu besuchen. Schade!
Aber auch die Einladungen die wir ausgesprochen hatten, als wir mal wieder im Rheinland waren, blieben erfolglos.

134

Keine Zeit, kein Interesse, so weit weg, dies waren die Ausreden!

Von den Nichten hört man ebenfalls nichts mehr. Auf der Homepage des Reitervereines konnte ich nachlesen, dass die kleine Verena im Sommer des letzten Jahres in Flehe geheiratet hat. Mehr weiß man auch nicht mehr.

Selbst auch Verena reagiert nicht mehr auf Mails, selbst Briefe bleiben ohne Antwort. Geburtstagskarten werden ignoriert! Was willst du da noch machen?

Mittlerweile sind wir der Meinung, wir haben genug getan, wir haben immer wieder Kontakte gesucht, aber sie blieben oft ohne Antwort.

Jetzt müssen die anderen ihre Bringschuld einlösen und es darf sich niemand nicht beklagen, dass sich keiner mehr meldet. Wir haben jetzt eine Grenze gezogen. So leid es uns auch tut!

Was gibt es sonst Neues bei uns?

Die Gräber der Eltern haben wir endgültig in Pflege gegeben, da dies ja mit meiner Schwester überhaupt nicht geklappt hat. Auch wieder ein Leider!

Im Sommer nehmen wir an einem Malkurs hier im Norden teil. Wir sind schon ganz gespannt. Im Frühherbst geht es dann auf unsere Insel nach Baltrum.

Übrigens, unsere ehemaligen Nachbarn besuchen uns wieder in den NRW-Ferien, die sie hierin unserer Nähe in Carolingensiel verbringen werden.

Sie sind dann zum dritten Mal bei uns zu Besuch!

Ja, so ist halt der Lauf der Dinge und so kann man nur nach dem Motto verfahren:

"Jedem das Seine!"

Nun wird es wieder Zeit, sich auf den Weg nach Hause zu machen, der nicht mehr so leicht ist, wie er früher einmal war, wo ich mal schnell mit dem Rad nach Düsseldorf zum Friedhof gefahren bin. Heute ist dies schon eine Tagesreise, wenn man gut durchkommt.

So kann ich nur sagen: "Bis auf bald!"

Zum 10. Todestag von Maria

In diesem Jahr jährt sich mittlerweile dein zehnter Todestag. Schon eine lange Zeit.

Wenn ich so aus der Ferne zurückblicke, hat sich seit deinem sehr frühen Tod sehr viel verändert.
Wir haben unseren Lebensmittelpunkt in den Norden verlegt und sind hier sehr glücklich.
Mein Krimi, der auf unserer Lieblingsinsel Baltrum spielt, ist fertig und wurde von Manuela und mir gemeinsam verlegt. Jetzt muss er nur noch gelesen werden. Ein zweiter Krimi ist auch schon fast fertig. Er spielt ebenfalls hier in Friesland.

Ansonsten ist alles so geblieben wir bisher.
Die Kinder und die Enkel haben wir seit sechs Jahren nicht mehr gesehen. Auch zu meiner Schwester besteht kaum noch Kontakt, ganz zu schweigen von dem Rest der Familie.

Meine Augen bereiten mir immer noch große Probleme und müssen mittlerweile gespritzt weden, um das Sehvermögen zu erhalten.

Bei einer der letzten Untersuchungen hat man eine schwere Diabetes bei mir festgestellt, die jetzt ebenfalls behandelt werden muss.
Ansonsten fühlen wir uns hier oben sehr wohl. Die See ist nicht weit und wir sind schnell dort. Wir freuen uns wenn es jetzt wieder wärmer wird und wir wieder öfters rausfahren können.

Uns bleibt nur noch, an die Zeiten zu denken die einmal waren, um dabei aber auch gleich wieder nach Vorne zu schauen - in dem Hier und Jetzt!

Bis in einem Jahr!

Gedanken

In einer kleinen Gesprächsrunde
wurde ich einmal gefragt, wie ich
persönlich mit dem Verlust
umgegangen bin.

Wenn ich heute diese Zeiten noch
einmal vor meinem geistigen Auge
Revue passieren lasse, dann fällt mir
eines besonders auf: "Alle Freunde,
die man einst hatte und auch von den
Familienmitglieder ist keiner mehr
geblieben, um einmal nachzufragen,
wie es einem geht.
Ich stand in den ersten Jahren nach
dem Tod meiner Frau wirklich allein.
Ich habe mich mit dieser nicht gerade
befriedigenden Lage abgefunden und
habe dann nach neuen Aufgaben in
der Gemeinde gesucht, um wieder
unter Menschen zu kommen.
Es war wichtig, wieder eine Struktur in
meinen Tagesablauf zu bekommen.
Denn das erste Jahr habe ich in einer
gewissen Lethargie verbracht und
nur noch das Wichtigste in Angriff
genommen und erledigt.

Ansonsten habe ich sehr zurückgezogen gelebt. So hatte ich aber
auch viel Zeit gehabt, um über meine
Zukunft nachzudenken.

Ich stellte mir die Frage:

"Was willst du eigentlich jetzt
machen?"

"Welche Möglichkeiten hast du?"

"Warst du mit deinem bisherigen
Leben zufrieden gewesen?"

"Gibt etwas, was du jetzt machen
möchtest?"

"Wie verkraftest du das Alleinsein?"

"Was hast du verloren?"

So gab es immer wieder viele Fragen
- aber eine Lösung gab es nicht! So
wurde man immer unsicherer. In der
doch sehr unsicheren Zeit der Zweifel
und der Hoffnung, half mir mein
Glauben.

Wenn ich mal einen Tag auf Schönstatt verbrachte und dann wieder nach Hause fuhr, hatte ich das Gefühl, dass ich nicht mehr allein war, sondern jemanden an meiner Seite hatte, der mich stärkte und mir wieder Mut machte, das Leben so anzunehmen wie es war und wieder nach vorne zu schauen.

Das Leben geht aber weiter.

Mit jedem Besuch auf Schönstatt am Grab von Pater Kentenich und in Metternich am Grab von Schwester M. Emilie Engel bekam ich das Gefühl, dass mein Leben noch nicht mit dem Verlust von meiner geliebten Frau zu Ende ist. Nein - ich habe noch viele Aufgaben, die noch erfüllt werden müssen. Also sollte ich mich auf den Weg machen, um das zu tun.

Ich nahm mein Leben wieder in meine Hände, nahm meinen Mut zusammen, um neue Sachen auszuprobieren. Ich nahm neue Aufgaben in der Gemeinde an und damit auch neue Verantwortungen.

Ich bekam wieder Spaß am Leben.

Nur eines wollte ich nicht mehr, zurück in den Moloch der Arbeit. Wie oft hatte ich in meinem Leben so genannte "Brandjobs" angenommen, um ein Verkaufsgebiet wieder nach oben zu bringen.

Dies ging aber nur mit einem sehr hohen persönlichen Einsatz.

Das wollte ich nicht mehr. Mir fehlte dazu einfach die Kraft.
Meine Kraft war ja, in der Zeit, als meine Frau in der Pflegeeinrichtung lebte, den hohen Anforderungen im Beruf und dem heimischen Herd, sehr stark geschwächt worden, so dass ich selber vorsichtig sein musste, nicht dem Burn out - Symptom, einer seelischen und physischen Schwäche zu erlegen.
In letzter Sekunde habe ich auf den Rat meiner Ärztin gehört und meinen stressigen Job aufgeben. So konnte ich meine Frau ein gutes halbes Jahr auf ihrem letzten Weg begleiten.

Auch dies war sehr wichtig, um in aller Ruhe Abschied nehmen zu können. Immerhin hatten wir mehr als ein halbes Leben gemeinsam verbracht.

Die Jahre nach ihrem Tode waren dadurch geprägt, dass ich durch die neuen Aufgaben in der Gemeinde wieder Freude am Leben bekam.

Nach Jahren machte ich mal wieder eine kleine Reise, zu der schönen Ostfriesischen Insel Baltrum. Dann war ich oft mit dem Fahrrad unterwegs und lernte die kleinen Dinge des Leben wieder zu schätzen. So nahm ich mein Leben wieder in die Hand.

Schade war nur, dass der große Freundeskreis und auch der Rest der Familie sich abgenabelt und den Kontakt bewusst eingestellt hatten. Damit musste ich sich erst einmal zurechtkommen.

Nach drei Jahren machte ich mich dann auf die Suche nach einer neuen Partnerschaft. Diese Erlebnisse habe ich in einem gesonderten Kapitel zusammengefasst. Es war schon erstaunlich, welche Antworten man bekam, als ich wahrheitsgemäß erzählte, dass meine Frau seit drei Jahren tot ist. Viele waren der Meinung, dass man mindestens fünf bis zehn Jahre warten sollte, dann hätte man die Erinnerung vergessen. Darauf konnte ich nur sagen:
"Dreißig Jahre eines Leben kann man nicht so einfach vergessen, das Gedenken wird immer bleiben, auch wenn man hundert Jahre alt werden sollte. Damit war das Gespräch meist beendet.
Leider hatten nur die Personen, die in der gleichen Lage waren, Verständnis dafür, dass das Andenken bleiben muss, denn sie ist ja ein Teil unseres Lebens gewesen.

Aber dann hatte ich das Glück jemanden kennenzulernen, die mich so nahm, wie ich war, mit all meinen Fehlern und Schwächen.

Genauso liebe ich sie, so wie sie ist und sie hat mein Leben sehr bereichert.
Nun sind wir schon sechs glückliche Jahre verheiratet.

Daher gibt es kein Ende... sondern das Leben geht weiter und hat noch vieles zu bieten. Wir müssen nur bereit sein, wieder aufzustehen und nach vorne zu schauen. Dabei sollte man die Vergangenheit nicht vergessen und uns gerne daran erinnern, denn sie ein Teil unseres Leben.

Schlusswort

Ich hoffe, ich konnte etwas Mut machen.

Ich weiß, wie es ist, wenn man einen geliebten Menschen nach über 30 Jahren verliert.

Ich weiß, welche Lücke dann gerissen wird.

Ich weiß, wie schwer es ist, wieder ins Leben zurückzukommen.

Ich weiß, dass dies auch ein langer Weg ist.

Ich weiß, dass man immer wieder in die Erinnerungen zurück fällt.

Ich weiß, dass man sich immer wieder die Frage nach dem Warum stellt.

Ich weiß, dass man manchmal lange auf eine Antwort warten muss oder keine erhält.

Es ist ein langer Weg, aus der Tiefe heraus wieder in das normale Leben zurückzukommen.

Aber man kann es schaffen.

Das Leben sorgt schon dafür, dass man immer wieder vor neue Aufgaben gestellt wird. Und diese sollte man mutig und entschlossen angehen. Auch wenn der Verlust sehr schwer ist, so sollte man wieder nach vorne schauen und sich an den kleinen Dingen des Lebens erfreuen.

Aber das Alleinsein und die Einsamkeit können einem das Leben schon sehr schwer machen. Neue Aufgaben, neue Begegnungen können hier sehr hilfreich sein.

Als ich vor fünf Jahren den ersten Teil von Plötzlich allein... schrieb, wusste ich noch nicht, wie mein Weg mal aussehen würde. Aber eins war mir klar... es würde einen geben und ich müsste ihn gehen.

Ein Gang, der mir neue Aufgaben stellen würde und mir eine neue Liebe brachte.
Wir sind einfach glücklich das wir uns gefunden haben.

Aus diesem Grunde habe ich dieses Buch geschrieben, um anderen Mut zu machen, auch nach einem herben Verlust, wieder neu anzufangen und auch bereit zu sein, alte Pfade zu verlassen und neue Wege zu gehen.

Nur eines sollte man nicht:

Sich nicht aufgeben, sondern nach vorne schauen und dabei die Erinnerung an den geliebten Menschen nicht verlieren.

Anmerkung:

Dieses Buch ist in meiner geliebten Frau Maria zu ihrem 10. Todestag im Jahre 2017 gewidmet.

Der Autor und seine Mitautorin

Seit nun mehr 63 Jahre höre ich auf
den Namen Fritz Stefan Valtner und
ich bin im Jahre 2012 mit meiner Frau
Manuela, die ich im Jahre 2011
ehelichte, aus dem Rheinland ins
schöne Friesland gezogen.

Beruflich war ich fast vierzig Jahre im
Vertrieb tätig und sehr viel unterwegs.

Meine Frau Manuela war über 20 Jahre als Hebamme aktiv und seit über 10 Jahren arbeitet sie als Ergotherapeutin mit psychisch kranken Menschen zusammen.
Zu ihren Hobbys zählen das Malen, das Gestalten mit den unterschiedlichsten Materialien und das Töpfern mit Ton, was auch zu meinem Hobby geworden ist, ebenso das Malen.

An den letzten Büchern haben wir gemeinsam gearbeitet.

Trotz beruflicher Anspannung habe ich in jungen Jahren eine Familie gegründet und habe zwei Kinder.

Durch ein Ereignis, es war ein Unfall meiner ersten Frau, wurde mein Leben völlig auf den Kopf gestellt. Über zwei Jahre lang durchlebte ich eine Zeit zwischen Hoffen und Bangen.

Leider endete diese unruhige Zeit mit dem Tod meiner ersten Frau.

In der Zeit nach dem Tod meiner ersten Frau habe ich mit dem Schreiben begonnen und niedergeschrieben, was mich bewegte.

So entstanden zum Teil sehr persönliche Bücher.

Mittlerweile sind zehn Bücher und Texte in drei Anthologien verlegt worden.

Die sechs letzten Bücher, zwei Katzenbücher und ein Krimi mit den Titeln:

Mein Name ist Jacey…
Rusty… packt aus
Kommissar a. D. Klaus Schöne...
Das Leben des Peter Bork...
Liebe zwischen Lee und Luv
Kommissar a. D. Klaus Schöne II...

wurden von uns gemeinsam gestaltet. Auch in diesem neuen Buch haben wir wieder zusammen gearbeitet.

Meine Frau Manuela war für die Bilder
und ich für die Texte verantwortlich.

Bisher sind erschienen:

Das Leben und Wirken des Strohwitwers Fritz
ISBN: 978 3911 1758070

Geschichten aus der Zeit als Strohwitwer.

Plötzlich allein... wie soll ich leben ohne dich?
ISBN: 978 3939 241068

Fragen nach dem „Wie und Warum"

Sex, kann so schön sein... man muss ihn nur haben
ISBN: 978 3939 241010

Geschichten aus der Generation 55+

Kolvensbachs Pitter... und sein leidvoller Ehealltag
ISBN: 978 3939 241669

Geschichten aus dem leidlichen Ehealltag eines Freundes

Mein Name ist Jacey, die Hauskatze
ISBN: 978 3944 028224

Geschichten aus der Sicht unser Hauskatze.

Rusty packt aus... Die Welt aus Katzenaugen
ISBN: 978 3981 1709223

Unsere zweite Katze musste ebenfalls schreiben, um einiges richtig zu stellen.

Kommissar a. D. Klaus Schöne
Aktenzeichen 2609
En ungeklärter Mord auf Baltrum
ISBN: 978 3741 288135

Ein Kommisar in Ruhestand stößt auf
eine Zeitungsmeldung, die über einen
ungeklärten Mord berichtet, der seit
20 Jahren ungeklärt ist.

Liebe zwischen Lee und Luv
ISBN: 978 3744 803607

Liebesgeschichte   eines   älteren
Paares, dass einen Neuanfang wagt.

Das Leben des Peter Bork
ISBN: 978 3744 829366

Aufstieg und Fall eines erfolgreichen
Vertriebmitarbeiters

Kommissar a. D. Klaus Schöne
Aktenzeichen 1510
Leichenfund in einer Friedeburger
Kiesgrube
ISBN: 978 3741 281082

Ein neuer Fall für unseren
pensionierten Kommissar.

Weitere Texte finden sie in den nachstehenden Anthologien

Deutsche Literaturgesellschaft
-Gedichte, die die Zeit überstehen-

Erinnerungen
Liebe
Weihnachten

August von Goethe – Verlag
-Glücklich allein ist die Seele, die liebt-

Der Hochzeitstag
Mein geliebter Schatz
Wehmut

Zwiebelzwerg – Verlag
-Keinen Augenblick mehr mit dir-

Der Talismann
Mein geliebter Schatz II